曾晓祺　胡潮晖　吴铮强　申屠勇剑　编著

一个寓沪青年的婚恋与生计

余光裕书信的日常生活史

（1944—1947）

中西书局

图书在版编目（CIP）数据

一个寓沪青年的婚恋与生计：余光裕书信的日常生
活史：1944—1947 / 曾晓祺等编著. —上海：中西书
局，2023

ISBN 978 - 7 - 5475 - 2059 - 8

Ⅰ.①一… Ⅱ.①曾… Ⅲ.①余光裕—书信集—
1944 - 1947 Ⅳ.①K828.4

中国国家版本馆 CIP 数据核字（2023）第 004050 号

一个寓沪青年的婚恋与生计

余光裕书信的日常生活史（1944—1947）

曾晓祺、胡潮晖、吴铮强、申屠勇剑　编著

责任编辑	吴志宏
装帧设计	杨钟玮
责任印制	朱人杰

出版发行　上海世纪出版集团
　　　　　　 中西書局（www.zxpress.com.cn）

地　**址**	上海市闵行区号景路 159 弄 B 座（邮政编码：201101）
印　**刷**	上海展强印刷有限公司
开　**本**	890 毫米×1240 毫米　1/32
印　**张**	10.5　插页　12
字　**数**	257 000
版　**次**	2023 年 7 月第 1 版　2023 年 7 月第 1 次印刷
书　**号**	ISBN 978 - 7 - 5475 - 2059 - 8 / K · 419
定　**价**	78.00 元

本书如有质量问题，请与承印厂联系。电话：021 - 66366565

006 书信

020 书信

的庄迫骋後您離開上海（即萬問您的愛人），
這是暫時的離開吗，要您們之不要失為。
是愛於兩地我各
生依然未到
火您您然未到
情心就是您倆
们倆在您廳於珍
现在您双地地未养
身心自然是是憂詞
越不相像生活如
失業的份和生活如
止當職業辭兄
之中假失褡有把
保重玉体並祝
三七年二月二十日弟奇

裕兄：

當我結惘的前夕正在忙於婚事的要排您曾
給我封情說要怎週間鄉不能專程陪喝酒了
當時我上想勤您舟當義天子恨邪政洞延了
我的要信听了騂兄的話你已啟程了真是失衆
同是抱歉今天接到您的玉書真是满懷高興，
您的一片好意倏我十分感懷我倆定照您的勛詞
做去定不幸負您的高誠懇。
至於您倆的忍痛離開你實在說得太偉心了
連我頂惟的人有了這幾句悲痛若不覺也
要流下淚來何兄是您倆當事者吃过裕兄！
您得明白在我曾过惠愛满味的嘴中競去許
倆目今的情景徹底一闭瞧不是悲劇也許
反正是一幕精采的大喜劇吧，即为您俩本末
是多麽的情投意合，为子您受了眼前環境

051 信封

051 书信

世之一

056 书信

光裕我兄大鑒：間汝入大場空軍司令部後，弟擬奉函問
候，但不知正確所在，直遲今尚希原諒，日前接到來
電，方知我兄曾有函哥給，可恨未能照收，日昨又接
聆書，更覺欢忭，离分，本拟近日赴徐因氣候踏令路
途艱苦甚，而彼地貨价均漲，故暫不啟程自歔方解
散後我終日無聊擾蓁叔父壽所云紡織業未來甚廣
達頗有希望於是打定主意重整舊厰以求逐漸擴
充堅定實基目下雖已小部生產可是日来物价下跌
而原料高价早進鹲益難測現由幾友人動機設立
一商號「一玶壽備業已拟就定為歇業暫設地址
於献庆像合彩類織以買實各種商品運銷各地資
金暫定國幣二十五萬元分為五佰股每股五佰元
將來業務發達再行改組擴充素仰我 兄抱老大
業热忱工商，尚請不部參加，並希介紹不吝賜教元
再覆示乃昐专此即頌
冬安

弟 懷古 拜晚

083 书信

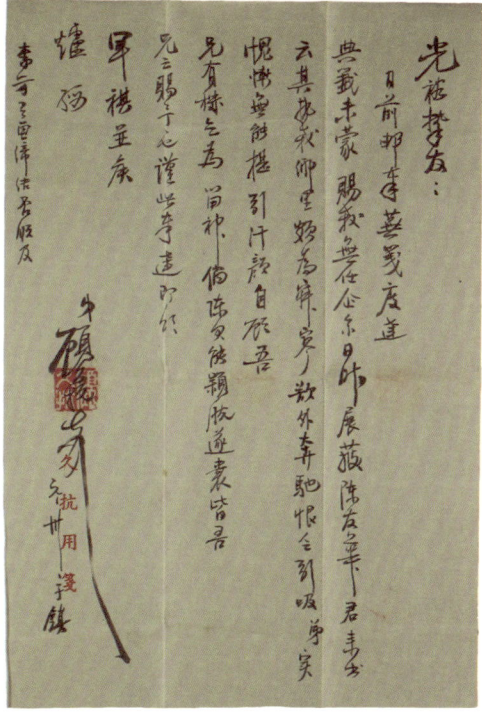

光裕学友：

日前叨在墓袁荩度道
典载未蒙賜我無任企系
云其邦我卿里好為辩宣
愧佛無能提引仕讼自愧吾
兄有樣云為简柝偷陈多能
兄言賜于心謹岐亭达助纸
早祺並康

雄硕
李寺己酉泽法名顺友

顾□多
□抗用護啟

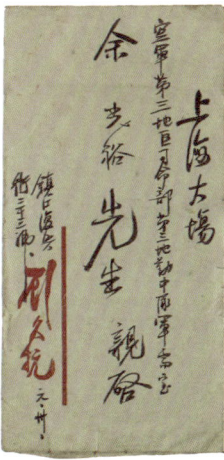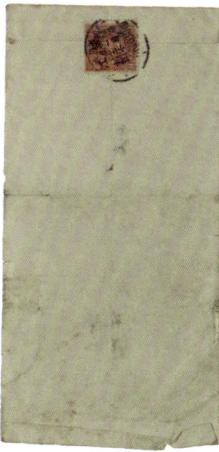

上海大場

余
步裕 先生 親啟

宣军弟三地□务部第三地勃中南宁名名

鎮巨區局□三□柳久铳
元卅

091 书信＋信封

9

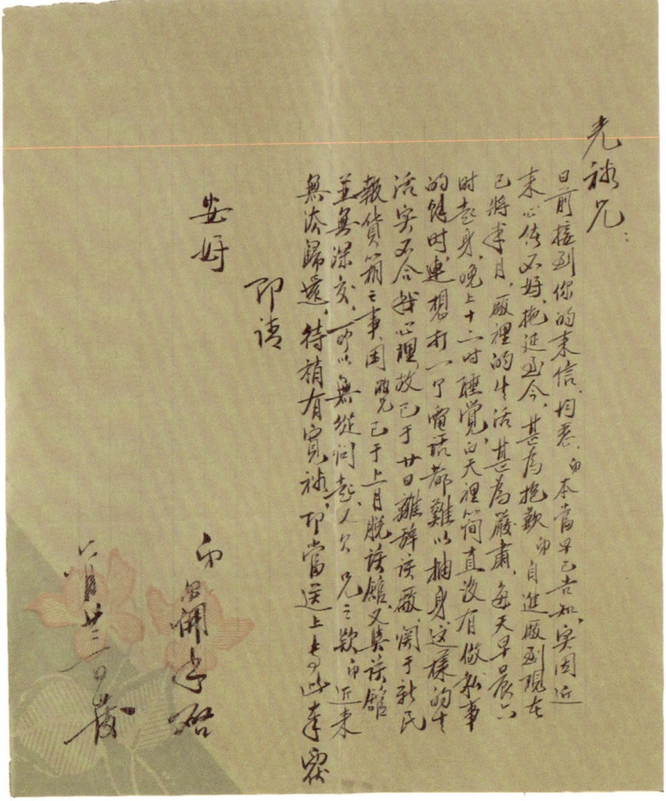

光祺兄：

日前接到你的来信，均悉。由本当早已去函，实因近来心情不好，拖延迄今，甚为抱歉。弟自进厂到现在已将半月，厂里的生活甚为严肃，每天早晨六时起身，晚上十二时睡觉，白天里简直没有做私事的余时，连想打一个电话都难以抽身，这样的生活实不合我心理，故已于廿日离开该厂。关于新民报贷款之事，因雅兄已于上月脱离该馆，又与该馆并无深交，所以无从问起。又兄之款，弟近来无法归还，特请有宽裕，即当送上。专此敬颂

安好

弟 田开寿 启

六月廿三日

137 书信

余光裕书信由杭州市萧山区吴越历史文书博物馆申屠勇剑先生收藏。

前言

　　2011 年 12 月，经浙江省博物馆王屹峰先生介绍，浙江大学地方历史文书编纂与研究中心考察了萧山申屠勇剑先生私藏的地方历史文书。申屠先生收藏萧绍地区明清历史文书 20 000 余件，2012 年创办吴越历史文书博物馆。征得申屠先生同意，浙大文书中心挑选出其中一批具备较高史料整理及社会史研究价值的文书，包括各类契约、分书、账单、书信、票据及民间礼仪、宗教文书，等等，并由陈明华、张健展开数字拍摄工作。2019 年，曾晓祺、胡潮晖在地方历史文书相关的博士生课程上释读其中一批书信材料，后续进一步展开整理、研究工作。这批书信由浙江上虞余姓家中流出，同时保存的还有契约、合同、票证等各种民间文书。其中书信部分时间集中、连续性强，是研究民间情感史、社会关系史等问题难得一见的珍贵史料。

　　这批书信不但是历史研究的珍贵史料，其书信内容本身也构成一段日常生活史的独特叙述。这次整理除撰写导论以外，还为每通书信撰写叙事性提要，这既是初步研究的成果，也是将书信集改编成历史叙述文本的一次尝试。

目录

导论：

一个寓沪青年的婚恋与生计

一、书信的作者与时代背景

1. 书信作者与人物关系

余光裕书信是在上海从事会计等工作的青年职员余光裕于 1944 年至 1947 年间与恋人、亲人、朋友之间形成的,共计 172 件,9 万余字,内容十分丰富,不仅勾勒出余光裕事业与婚恋发展的轨迹,还反映出动荡年代青年人面对的社会压力与命运抉择。

余光裕 1923 年 5 月 25 日出生于浙江上虞崧厦镇凌湖村,曾在上海立信会计学校学习,又先后进入上海福民乳品有限公司、志成贸易公司、天赐药厂担任会计。1945 年日军败亡之际,上海局势动荡,工厂倒闭,余光裕失业赋闲,回乡下老家暂居。抗日战争胜利后,余光裕重返上海,在大场空军第二地区司令部第三地勤中队军需室任职。1946 年余光裕从空军辞职,投奔表哥吕光川的怡丰泰报关行,并与恋人李志豪订婚,1948 年携妻女投奔好友夏懋修,赴台湾纸业有限公司高雄厂任职。余光裕赴台之前,将自己的信函、契照、日记等文字材料带回家乡,由母亲和弟弟为其保管。七十年后,母亲与弟弟相继离世,老屋被拆,余家文书几经辗转后由申屠勇剑先生收藏。

通过落款或邮戳可以基本确定 172 封书信中 156 件的具体日期,最早一件是 1944 年 8 月 7 日恋人李志豪的覆信,最晚的一封是 1947 年 4 月 13 日朋友王忠本的问候信,时间跨度近三年,具体包括 1944 年 17 件,1945 年 66 件,1946 年 80 件,1947 年 9 件。其中有余光裕的去信或去信底稿 42 件,余光裕收信 120 件,余光裕亲友之间相互通信 10 件。

余光裕与李志豪订婚前互通的情书共 49 件,记录了从 1944 年在福民公司相知相处到 1946 年举行订婚仪式期间两人试探心意、经历误会、真情告白、商议订婚的恋爱经历。李志豪是上海人,比余光裕小两岁,她的书信中钢笔字迹大多工整清秀,常用淡黄色印花信纸,或淡蓝色同济医院笺纸。49 件情书中有 28 件是余光裕的草稿,字迹相对杂乱,篇幅也较长。情书全部以白话文写就,既有曲折细腻的试探,也有辛辣的讽刺和争执,还有热烈真挚的表白,是余光裕书信中情感表达最为丰富的部分。

余光裕在上海工作期间,与家乡亲人的往来通信共 18 件,其中与母亲余吕氏互通家书 17 件,舅家长辈吕永山为吕氏代寄家书时致余光裕书信 1 件。余光裕每月有钱款托往来上海的同乡帮带回家,吕氏也会回信让他从上海代购衣物、文具等家用所需。这部分书信毛笔字书写居多,措辞比较传统。

其余 95 件是余光裕与朋友、同事、生意伙伴的往来信函。最主要的是在福民、天赐、志成及空军一起工作时结识的朋友,公司解散、军队撤离后,朋友们分赴上海、苏州、嘉兴、无锡等处谋事,通信联络近况之外,还会互相利用人脉帮忙介绍工作,包括章肇元(又名章纪静)21 封、刘梓庚 9 封、夏懋修 7 封。其次是余光裕的同乡旧识,例如在后方勤务总司令部第二卫生大队从军并留下 17 封信件的顾久抗,在上虞乡间小学教书的陈友华,在长安镇工业社工作的表哥吕光文,等等。此外还有少量在报关行工作时生意伙伴的来信。

除信件内容之外,信纸的形式及印制单位也能提示书信作者身份、社会关系等信息。随书信保存的信封有 51 件,其中的收寄地址、转交者、邮戳、邮票等信息也提供了大量的社会史细节。除往来信件之外,这批文书还包括账单、收据、合同、招股启事、土地契约、图照、户牌、订婚礼单等,时间跨度较书信更长,为还原余光裕的家族史和生命史提供了更多的信息。

2. 余光裕的成长历程

余光裕出生的凌湖村是没有显赫大族的多姓村,《松夏志》载:"菱湖在蔡林西南去嵩镇五里……地方辽阔,而人材衰歇。"①余光裕的家族定居凌湖村数百年,虽历有五世,而人丁稀少,仅略有薄产。1919 年,余光裕的父亲余友林成年娶妻,与兄长分家,分得一间楼屋和四亩田地。楼屋是余光裕的祖父于光绪二十一年(1895)从其堂姊余吕氏处应继得来,根据一份 1948 年上虞县地籍整理处发给的实测户地图(见图 1)显示,这间二层楼屋坐落河边,宅地面积一分六厘(即 0.16 亩,折合 100 余平方米),形状狭长。书信中凌湖余宅"亭子前庙南路念(廿)号"的通讯地址即为这间楼屋,也就是余光裕的老家。

1923 年余友林的长子余汉钦出生,余汉钦即余光裕,次子余德钦则出生于 1938 年。余光裕可能还有一位早夭的妹妹,因为 006 号信提及"再批:亡妹身后用去五千元,是否老币或新币"。余光裕的母亲姓吕,娘家在距凌湖村三公里远的吕家埠村。余家的分关、立继等文书中显示,余、吕两家长期通婚,关系十分密切。1919 年,余光裕的姑父吕信孚与父亲余友林在上海英界合资开设同成煤号,吕信孚还在上海外滩开设了怡丰泰豫记报关行。② 1936 年吕信孚去

①　连光枢:《松夏志》卷 1《舆地·村里》,第 19 页。
②　《申报》1925 年 11 月 13 日"学徒被拉生还之所述"。"上海永安街普安里二弄怡丰泰豫记学徒汪景生被警察拉夫,从前线逃回时路遇红十字会救助脱险,店主吕信孚捐助红会二十元作为答谢。"(池子华等主编:《〈申报〉上的红十字》第 3 卷,安徽人民出版社,2011 年,第 175 页)

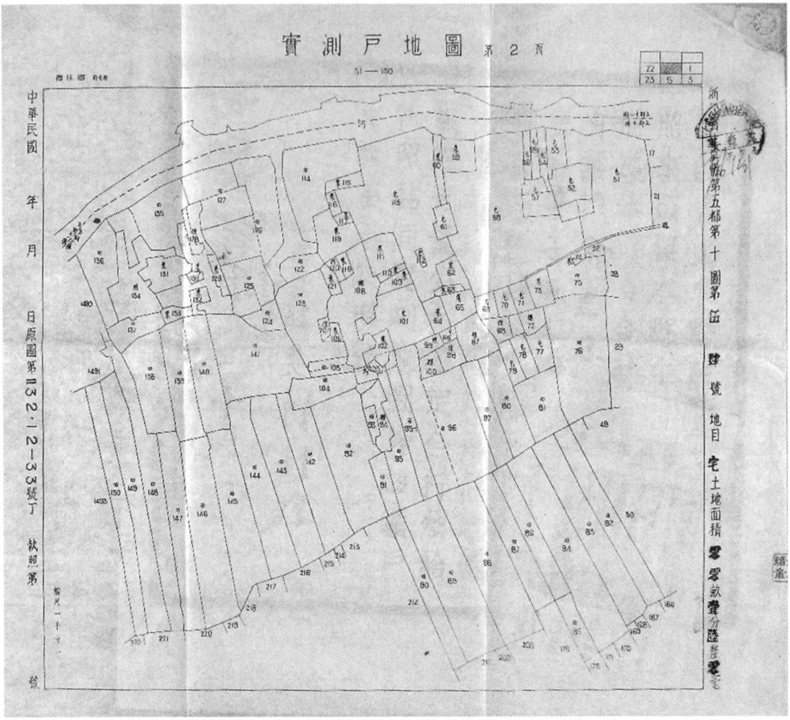

图 1　1948 年上虞县地籍整理办事处颁第五都第十图第 54 号实测户地图

世后，①余光裕的姑母和表哥继续经营报关行。吕氏不识字，余光裕
与母亲通信或邮汇款物，通常会托"便人"带至吕家埠，由亲戚吕永
山、吕永海等代为转交，并帮吕氏代写回信，也说明吕氏母子与娘家
亲戚的关系十分密切。

　　从书信中的文辞与笔迹来看，余光裕接受过良好的基础教育。

----

　　①　《申报》1936 年 10 月 6 日"怡丰泰报关行吕光浩启事"。"先父信孚公恸于本年八
月十七日逝世，所有生前以怡丰泰或先父个人名义代人担保，无论书面口头，光浩等年幼
识浅，力难继续，自即日起均作无效。至怡丰泰营业事宜，已托由族叔山寿主持，并此
附闻。"

根据一份自填的简历卡,余光裕年少时就读于上虞春晖中学。不过这段教育经历比较可疑,因为余光裕请托友人章肇元推荐工作时,章肇元提到"你的经历我知道,可是学历却成问题咧,最起码的要初中文凭",余光裕回信也说"这件碍于环境而没有受过高深教学的事,也最令我痛心"。1941年前后,余光裕在近代上海最著名的职业补习学校——上海立信会计学校,接受过会计工作的职业培训,因此余光裕会在立信会计学校课题作业专用空白账目表背面起草信件,①《公信会计月刊》还刊登过一篇署名余光裕的文章《省际联汇实务与会计(附图表)》。②

父亲余友林去世于1942年前后,当时余光裕在上海学习和工作。母亲余吕氏独自一人留在凌湖老家抚养幼子德钦,田地雇人耕种不敷家用,吕氏在110号信中提到"余自汝父亡后,万般辛苦,所望者汝耳",家庭开销的重担逐渐落在余光裕身上。吕氏在乡间的人际关系十分紧张,116号信中称自己与人吵架,凌湖三户亲戚只看笑话而不帮忙。

3. 书信形成的时代背景

余光裕书信形成于1944年夏至1947年春,其间1945年8月抗日战争宣告胜利,这是具有转折意义的重大历史事件,对余光裕等书信作者的生活也产生深远影响。

信件起始的1944年,上海及浙江部分地区仍处于沦陷区。1937年8月淞沪抗战爆发,11月上海华界沦陷,法租界和公共租界成为"孤岛",大批商民涌入租界避难,租界迎来短暂的经济繁荣。12月

---

① 余光裕致李志豪,1945年1月12日,018信。
② 余光裕《省际联汇实务与会计(附图表)》,《公信会计月刊》第6卷第4期,1941年10月1日,第99—103页。

嘉兴、湖州、杭州先后沦陷,国民党军队退至钱塘江南岸与日军隔江对峙,余光裕的家乡上虞成为抗战前线,不断遭受日机轰炸。1941年4月,日军从东西两路发动浙东战役,绍兴、镇海、宁波、慈溪、余姚相继沦陷,10月日军攻占上虞县城,国民政府沿嵊县、新昌一路南撤,宁绍沿海地区各主要市镇皆沦入敌手。至晚在1941年10月,余光裕已离开上虞凌湖村来到上海学习会计。12月8日美国对日宣战,太平洋战争爆发,日军进驻上海租界,上海全面沦陷。

1945年4月5日以前的30封信件主要记录余光裕等人在汪伪政权统治下的上海沦陷区的日常生活。这时期上海实施物资战时统制政策,1942年7月起实行粮食配给制和灯火管制,限制居民用电。1944年7月美军战机开始频繁轰炸日军在上海的仓库、机场、码头、工厂等重要设施,整个上海充满了紧张的氛围。1944年底日军的城市粮食统制政策最终导致上海物价猛涨,食米短缺。余光裕信中就提到电车停驶、工厂供电受限、遭遇警报戒严、生活日渐拮据等生活经历,正是此"战争时期的一种特殊状态"①。

1945年2月上海安全和粮食危机加重,23日伪上海政府成立人口疏散委员会,计划疏散城市人口,动员居民回乡。这时余光裕失业赋闲,倍感生活压力,不得不返回上虞凌湖老家暂居,1945年4月14日至1945年9月1日的40封信件就形成于这一时期。抗战时期,中国共产党在上虞与日伪军及国民党展开长期抗争。宁绍沦陷之后,国军第三战区主力南退至天台,中共华东局进入"三北"地区开辟敌后抗日根据地。② 1943年浙东党委进驻余姚梁弄镇,以四明山区为根据地,整编淞沪游击队,成立新四军浙东游击纵队。1944年1

---

① 015号信中蒋耕声用以形容战时实业艰难的原话。
② "三北"是浙江宁波的镇海、余姚、慈溪三地旧称,是许多浙籍上海居民祖籍所在。

月,四明山根据地遭到国民党顽军和日伪军的联合围剿,游击司令部从梁弄迁到上虞丰惠镇,1945 年 4 月成立上虞民主政府,包括崧厦区在内设立有 6 个区署。余光裕 4 月 14 日抵达凌湖时,就在信中称乡间是伪上虞国民政府和根据地民主政府两方统治势力"阴阳交界"之地。1945 年 5 月,留驻嵊县剿共的国民党田岫山部投降日军,新四军浙东纵队旋即讨伐消灭田岫山势力,并于 6 月 30 日攻占上虞县城。

1945 年 8 月 15 日,日本宣布无条件投降,上海光复。9 月举行京沪战区受降仪式,浙东根据地的新四军和党政机关北撤,上虞县交还国民党政府。余光裕于这时重返上海。正值上海伪产封存,百业未复,对日接收工作如火如荼,余光裕进入负责接收日本空军物资的大场空军第二司令部任职。光复后的上海依旧物价高涨,工商萧条,余光裕又从空军辞职,进入姑妈的怡丰泰报关行工作,并与李志豪举行订婚仪式。信件结束于 1947 年春余光裕考虑在石油公司谋职之时。此后余光裕应该于 1948 年离开上海,投奔远赴台湾接收日厂的好友夏懋修。

二、书信所见抗战胜利前后上海青年的婚恋与生计

1. 福民乳品公司时期

书信起始时的 1944 年,余光裕在福民乳品公司工作。

据《征信日报》1943 年"工商调查"栏目刊载,①福民乳品股份有限公司由李惟铭②、鲍正樵③、陈福祯、孔平野等发起组织,1942 年 5 月筹备,10 月正式成立,厂址在上海哥仑比亚路 350 号,制造奶粉、白脱、乳油等产品。

福民乳品股份有限公司有两处牧场,自畜良种乳牛一百余头。余光裕至迟于 1943 年任福民公司总务科会计,最初的工作地点在斜土路 2231 号谨记路口的福民第二牧场。余光裕不太甘于"依人作嫁的苦处",有牧场工作经验后,曾于 1944 年 2 月与陈毅卿、王仲高、归岂凡、陈曦等发起筹办兰园畜植股份有限公司,还拟有一份向王康良承分养奶牛的合同草稿(见图 2),但几番创业均未见成果。

---

① 《工商调查:福民乳品股份有限公司》,《征信日报》特 1433 号,1943 年 3 月 26 日,第 4 页。
② 李惟铭,又名李鼎士,浙江吴兴人,曾任惠民奶粉公司总经理、亚东企业银行总经理、伪上海市交通局长、伪上海市公用局长、伪交通部次长、伪监察院委员等。参见《工商人物志:亚东企业银行总经理 福民乳品公司董事长 李惟铭》,《东方日报》第 3782 期,1943 年 5 月 17 日,第 1 版;《李鼎士一门汉奸》,《汉奸丑史》第 3、4 合辑,1945 年 11 月 15 日,第 30—31 页等。
③ 鲍正樵,浙江余姚人,早年曾主持商务印书馆制版部,后创办中国凹版公司并任经理,又曾任惠民奶粉公司总经理等。参见《工商人物志:乳品业巨擘·鲍正樵》,《东方日报》第 3855 期,1943 年 7 月 29 日,第 1 版等。

創立蘭園畜植股份有限公司緣起

按古語云「民以食為天」又云「大民生之要素莫不先於食者食之來源出自農產第吾國跟素為農業國而往往不足自給仰丈外洋輸接其原因大致度民智識低劣缺之改進能力以致生產衰落農業凋敝吾奮不息進展影響工商之前途屬塔成通年尤甚昌同人等有鑒於斯爰組織蘭園畜植股份有限公司專就農作物品改善生產為原則就個人之本位盒圃國民之天職其以畜植生產品之改良和增加及其輔導工商業之發展庶幾欲完成此生產建設與復興農村之事業當非少數人之合作與應聘業專門人才方為可能猶以同人等之能力有限智識淺陋尚盼各界志碩踴躍多加時錫南針以區不遺俾畜牧耕稼積極於開源之道逐步以改良擴展民生不息福圃利民共襄成舉庶榮膚成衷眾沙俾無設事業早覩展成尤為榮幸焉

發起人

王慶棠　李金寶　高維祁　余光裕
李毓棠　丁錦坤　李翰柏　劉驊
蔡嗣林　袁慎之　邵春芳　何家政
朱麟圓　葉梓桐　諸芯元　陳毅卿
印世幹　朱福祥　李高恩　王仰高
車崧山　吳淡成　黃炳榮　歸宣凡
俞鈞衡　方吉暉　阮傅芳　陳曦

籌備主任　陳毅卿
籌備委員　王仰高
等備主任　　　歸宣凡　余光裕
陳曦

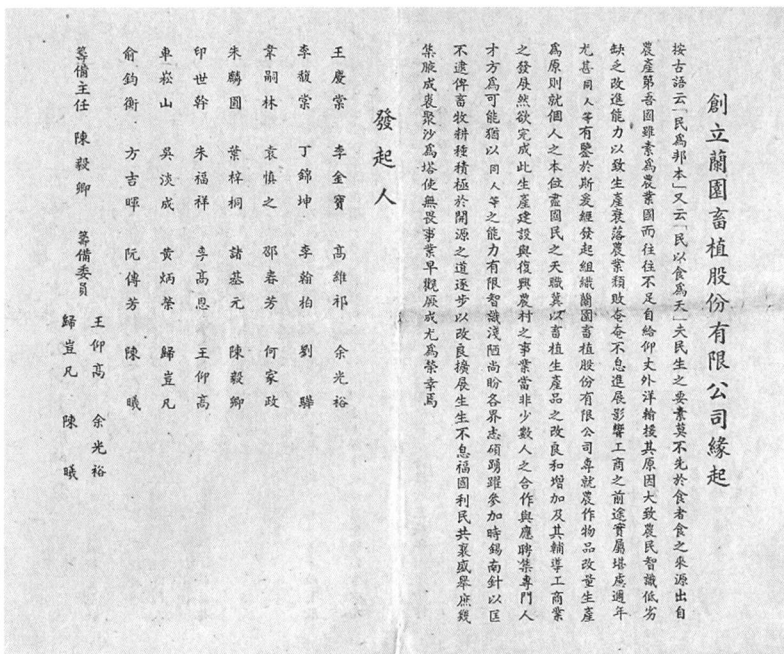

图 2　兰园畜植股份有限公司招股书中记载的创办缘起

在牧场工作之余，余光裕以看书和散步消遣时光，书信中提及与福民同事们骑自行车到龙华寺、黄家花园春游的经历。1944 年 6 月，余光裕在牧场结识了李志豪。李志豪生于 1925 年，是家中独生女，父亲李瑞云，家住中正中路爱仁里 50 号。余光裕回忆两人初识时，"你我在牧场的时候，每日朝夕可以相见，有时还在早晨漫步于海格路底浓密树荫下，随便的闲谈着"。相熟后两人开始互通书信与电话，余光裕有时会骑自行车到李志豪住处与她见面，也会一同看电影、逛公园。

在福民牧场共事时，李志豪对余光裕保持着友谊的距离，余光裕则开始了热烈的追求。通信的最初李志豪接受余光裕对她眼痛病的关心,但仍称呼余光裕为"光裕先生",写回信时也会回避她的女同事们。1944 年 8 月 15 日,余光裕买好电影票,邀请李志豪和女同事杨玉美、冯彩稚三人进城观看电影《夜半歌声》,晚间返回时遇见厂里职工拿恋爱话题对余光裕开玩笑,余光裕将这些玩笑传给冯彩稚。李志豪知道后十分介怀,余光裕不得不为此写信解释,李志豪仍责怪余光裕过早将两人关系称作恋爱,余光裕又回信检讨自己的鲁钝冒失。

1944 年 8 月 18 日,福民公司为便利股票过户,在九江路亚东银行暂设临时服务处。① 余光裕作为会计,被公司派去亚东银行办理股务。余光裕由此抱怨在"烦杂喧哗的算盘声"中"头昏脑胀"地工作,又因永安公司楼顶拉戒严警报,导致人群慌乱,电车拥挤,更觉通勤不便。除了工作环境的变迁,好友夏懋修从福民离职也让余光裕萌生去意。

余光裕在福民公司的朋友包括夏懋修、章肇元、管克非、曹关海、归宾孙、王康良等。夏懋修生于 1917 年,浙江桐乡人,1932 年就读国立浙江大学代办浙江省立高级农科中学农艺科,后转入嘉兴私立秀州中学,1936 年高中毕业后进入之江文理学院理学院土木系学习,后又转入国立交通大学理学院化学系,其间发表《从植物油制造汽油——是解决吾国汽油问题的一条路》等文章,1942 年毕业。② 在余光裕的交往圈中,夏懋修学历最高,年纪又稍长,对余光裕亦师亦友。

---

①　《申报》1944 年 8 月 18 日。"本公司为便利股票过户起见暂设临时服务处于九江路证券大楼下亚东企业银行内此启。"

②　参见国立浙江大学秘书处出版课编《国立浙江大学一览(二十一年度)》,国立浙江大学秘书处出版课,1932 年,第 395 页;《全校同学录》《秀州钟》第 13 期,1934 年 6 月,第 37 页;《民国二十五年高中毕业生》,《秀州钟》第 16 期,1937 年 6 月,第 6 页;《之江文理学院上海第二次揭晓》,《申报》第 22759 期,1936 年 9 月 9 日,第 5 版;之江大学校友总会《之江文理学院通讯录(1936 年)》,郑翰献主编《杭州全书·钱塘江文献集成》第 18 辑《之江大学专辑》,杭州出版社,2016 年,第 416 页;夏懋修《从植物油制造汽油——是解决吾国汽油问题的一条路》,《化学文摘月刊》第 1 卷第 3 期,1941 年 12 月,第 3—5 页;《历届校友名录(1934 届—1952 届)》,上海交通大学化学化工学院网站等。

1944 年夏懋修在福民公司的制造厂部门担任厂长,[①]但因不满福民的人事问题而最终离职,夏懋修离职后在信中评价福民公司"反正他们是'江山易改,本性难移',生来是如此奸刁恶毒,靠几个职员的反感,决不会有动乎中的"。

余光裕对夏懋修颇有依赖,夏的离职让余光裕感觉"孤单寂寞和依恋"、"怅惶欲哭"、"怪不惯似的难过"。友人陈尔镰、刘梓庚筹备创办志成贸易公司也对余光裕造成刺激。8 月 22 日余光裕与李志豪看电影《来日方长》,电影主人公由乡村混混立志自新,从底层工人成长为工厂经理。于是余光裕给李志豪写信称青年应该坚忍刻苦闯一番事业,计划待陈、刘二人创业略具头绪后从福民公司辞职转入志成。信中余光裕还略显夸张地赞美李志豪,李志豪回信(余光裕称之为"误会函")批评他过分恭维、"盲目求爱"。余光裕认为李志豪讽刺他不自量力、虚伪轻浮,便写长信回应,辩白之余多有讽刺,说李志豪经验丰富、人情练达,阴险的男子"只有配做现代新女性的一种试验品"。事后余光裕心有悔意,请夏懋修帮他解读李志豪的"误会函",夏懋修复函指出余光裕过于急躁等问题,劝余光裕对李志豪不要意气用事、巧言令色。于是余光裕找李志豪道歉,两人消除误会,重归于好,李志豪通信中的"光裕先生"也从此改称"光裕"。

1944 年 9 月 12 日,因电力、燃煤供应受限,福民乳品公司生产停顿,并解雇部分职工。余光裕所在牧场部分依靠养牛暂时抵抗风险,虽未遭解雇,但停产事件后余光裕深感奶粉事业前景暗淡,更决心离开福民。9 月 14 日,余光裕以家中急事为由请假两周,暗中入职志成贸易公司,并赴南京出差办货,9 月 24 日坐火车返回上海。然而几天后,由于内部与外部各种原因,志成公司旋即宣告解散。这时的李志豪

---

① 许晚成:《上海行名录》,龙文书店编辑部,1944 年,第 317 页。

已离开福民赋闲在家,但余光裕并没有从福民离职。这时上海物价飞涨,余光裕正为米价直线上涨深感惶恐,一旦失业几乎无法维持生活。

2. 天赐药厂时期

夏懋修从福民乳品公司离职后,为筹办天赐药厂而奔忙。1944年9月底天赐药厂确定股东,10月开始筹款采购原料,唯缺厂址和水电。夏懋修在信中曾请余光裕帮忙留意合适的厂房,还请余光裕代询表哥吕光川等是否有意入股。1944年底天赐药厂开业,余光裕从福民乳品公司离职,与老同事章肇元、曹关海、蒋耕声、祝明珊等一起进入天赐药厂工作。李志豪则进入路易印钞厂工作,与余光裕见面机会减少,感情却进一步升温。后来余光裕在信件中回忆1944年11月12日约会的场景,两人与杨玉美一起去看电影《潜艇会战》,余光裕与李志豪互问生辰,李志豪笑着推说忘记,杨玉美调侃她是不肯轻易告诉。[①] 到1945年1月,两人已经以"裕""豪"来称呼对方,并交换了照片。

虽然时局动荡、环境恶劣,但天赐药厂工作时期,余光裕与朋友们同住,生活非常充实。余光裕开始实行"新生活",每日七时起床研究两小时会计学,晚上请夏懋修用 *News China* 教余光裕、章肇元、蒋耕声同读英文。余光裕还阅读巴金《爱情的三部曲》与鲁迅、周作人的杂文。[②] 1月28日,天赐药厂改制原料,需觅新厂址,职员休息无事可做,李志豪与余光裕相约到天赐药厂借阅《爱情的三部曲》。因电话故障和下雨,李志豪没有赴约,两人为失去一次难得的相聚机会深表遗憾。1945年2月年关将近,离乡漂泊的余光裕情绪低落,给

---

① 余光裕致李志豪,1945年6月2日,042信。
② 余光裕致李志豪,1945年1月12日,018信。

李志豪写信批评上海都市交际男女在戏院、茶楼虚耗光阴,相互欺骗掩饰缺点,他倍加珍惜两人在"恶浊"都市中的真挚情感。此后两人的感情进一步升华,2 月 20 日以后的情书开始用情侣间的专门昵称"珍""钦"称呼对方。

日渐牢固的感情很快迎来现实的考验。日军在战场上节节败退,为防止空袭,上海实行更加严厉的灯光管制,生产单位除军工厂外一律停止供电。① 天赐药厂正处于修缮旧屋、改换厂址的关键时刻,因电力限制被迫停业,且看不到复业的希望。美军战机频繁飞至上海上空侦察,轰炸日军仓库、机场、码头等设施,防空警报随时鸣响,街区常有封锁戒严,一般市面生意大受影响。民众一边承受物价飞涨,一边为生命安全提心吊胆,日常生活风声鹤唳,有条件者纷纷逃离上海。② 这时天赐药厂的蒋耕声辞职他就,祝明珊计划前往重庆。李志豪在 2 月 23 日的信中也称"现外面底时局非常紊乱,出于意料之外一种举动使我很担忧",并和余光裕商量举家迁离上海的计划。连乡下的母亲吕氏也得知上海时局反常和药厂解散的消息,来信劝余光裕早日回乡。

余光裕担心离开上海会断送与李志豪的感情。2 月 28 日李志豪到天赐药厂与余光裕见面,两人在公园里聊天,余光裕告知离沪返乡的考虑,询问李志豪的态度。李志豪没有当场表态,经过几日的深思熟虑,写信与余光裕确定情侣关系,"你谈以后将来我俩的事,是的应该双面表明,只欲你始终底! 我不欲半途发生任何问题,我很愿和你结为永久底伴侣,因为此是人生最大的事,不能耍戏儿底"。李志豪因陪伴父母不能随余光裕一同离开上海,但她等待日后能正式订婚。余光裕回信称"时局的趋势总有会造成我俩别离的一天,虽然离别

---

① 唐振常主编:《上海史》,上海人民出版社,1989 年,第 853 页。
② 唐振常主编:《上海史》,上海人民出版社,1989 年,第 853—856 页。

是最使人感到痛苦的,但只要我俩都能坚固的爱着,虽尚少一种形式的表示,想来原也是一样的"①。离别促成两人坦承情愫、初订终身,并开始期待一场订婚仪式。

3. 乡居时期

余光裕原计划 4 月 8 日启程回乡,本来无缘与李志豪话别。结果雨天汽车停驶,余光裕延后返乡。4 月 8 日晚上两人依依惜别,余光裕带着李志豪赠送的相片和等候他回沪订婚的承诺,恋恋不舍地踏上了回乡之路。② 11 日余光裕动身,先坐汽车,后乘快船,又换步行,14 日抵达凌湖。余母对余光裕的归来很是欢喜,"涌出了满眶热泪"。

1944 年 9 月福民公司停顿时,吕氏因与邻居吵架受辱,急催光裕回乡,并要托人为他物色乡间女子定亲。此次回乡,吕氏重提结婚事宜,余光裕告知吕氏已与李志豪恋爱,吕氏看过李志豪照片,又听儿子描述,表示余光裕可以自主婚事,并未提出反对,只是担忧上海人"高大的眼"可能看不上农村,希望婚后两人不要脱离家乡亲人,时常返乡。吕氏没有坚持包办婚姻令余光裕感到惊喜,立即写信告知李志豪,并期待年内经济状况能够好转并举行订婚仪式。③ 李志豪回信时也毫不吝惜地赞美农村,"上海的人不是每一个不喜爱农村的。就讲我吧,我是喜欢尝试农村的风味,欣吸幽雅僻静的景致,也是我理想中的一幕",还赞美余光裕描写的乡村风景,甚至声称愿意做"一个乡下的村姑,过清静平舒的生活"。

余光裕回乡之际,正值共产党浙东游击纵队、日伪军、国民党顽固派在上虞"三方乱斗",游击纵队相继击溃了伪三十六师及投敌的

---

①　余光裕致李志豪,029 信。
②　余光裕致李志豪,1945 年 4 月 16 日,032 信。
③　余光裕致李志豪,1945 年 4 月 16 日,032 信。

国民党"挺四"田岫山部,共产党于 4 月、6 月相继成立上虞县抗日民主政府、攻占上虞县城。① 虽然共产党在上虞逐渐占据优势地位,但一时不能肃清日伪及投敌的国民党势力,他们仍利用保甲长向百姓征派公粮,还时有土匪趁火打劫敲诈勒索。乡间不仅要忍受炮火惊扰,还饱尝派捐之苦,"今天是这一批要钱,明天是那一批来要钱,否则就加上这地方有×××,来一次扫荡大搜查,等于堂而皇之的大洗窃"②。这一切令余光裕十分意外与厌恶,而且知识青年在混乱局势中更易受到危险,"这种'阴阳交界'的地方,据说□我□年青人更危险,随时有被诬某某的可能或屈诈",以致抵家第二天余光裕就想即刻离开。

　　赋闲在家的余光裕每日蛰居于余宅二楼睡觉、看书、写信,有时闷坐终日,鲜少外出。乡间没有上海的新小说,更让余光裕苦闷无聊,也更加留意上海的近况。乡间消息闭塞,不易看到报纸,余光裕主要依靠友人来信关注上海的物价与安全。端午之前又闹旱灾,河水干涸快船不通,信件迟滞半月方能到达,消息早已失去时效性。4月 26 日,余光裕偶然听旁人说起"上海最近据说又遭过轰炸过,自来水被炸断水,米买二十万,一切都在疯狂猛腾,市面紊乱极了"。听到这样的消息,余光裕非常担心李志豪的境况,迫切地想回到上海。

　　余光裕毫不掩饰地表达对李志豪的思念之情,反复向李志豪确认感情没有受到离别的影响。李志豪表示愿意等待,订婚仪式不必虚荣考究,不过总要办得体面宽舒,这仍需一定的物质基础。对于李志豪的在乡间先谋一职业的建议,余光裕担心"误入歧途"乃至危及生命,宁可在家枯坐也不愿意接受"污浊的机会",拒绝了乡长提供的

---

　　① 《解放日报》1945 年 7 月 14 日,第 1 版。"新华社华中十二日电。浙东讯,钱塘江南岸上虞县城已于上月卅日被我军收复,四明山区已全部解放。"
　　② 余光裕书信中以×××暗指共产党。

乡公所职位的邀请，即使待遇比上海一般职员更加优厚。余光裕用青山、土丘、坟墩的比喻向李志豪描述乡间的局势，说青山虽不似土丘、坟墩错杂无序，但孤小且云遮雾罩，凭一时勇气跑上山恐怕无法保障生命安全，体现了其思想观念中进步与软弱的两面性。

余光裕写信请朋友帮忙留意上海的工作机会。福民、天赐两度共事的章肇元是余光裕乡居时期通信最为频繁的朋友。章肇元与夏懋修都是浙江桐乡人，父亲章镜明是桐乡濮院的士绅。章肇元对余光裕与李志豪交往的情况比较了解，安慰余光裕短暂离别的团聚会更加欢乐，有时还与李志豪通信帮助两人维系感情，"常常提提你们的事不使她时间过久了会淡忘你"①。乡居期间余光裕收到章肇元的多封来信，除关心余光裕的感情生活，章肇元也为余光裕找工作四处奔走，令余光裕非常感动。但6月21日的来信中章肇元无奈地表示上海米价高昂，薪资只及伙食费三分之一，配给米供应常常脱期，在上海几乎无法立足，正计划去内地读书。他还劝余光裕暂时不要返沪，推荐他到宁波柴桥一位老同学胡为民的商号去任会计，但初中的学历要求使余光裕失去此机会。

7月17日，为摧毁日本人隐藏在虹口的无线电发射指挥站，美军轰炸机群在虹口人口密集区投落炸弹。章肇元来信称："落弹如倒煤球，虹口唐山路、邓脱路、公平路一带死伤最惨，江湾、大场、吴淞等处亦目标之地。另浦东约在中虹桥对过（我们在高庙码头上望过去看见）于十七日大火半日，至夜间仍在火光熔熔之下燃烧……传闻十七日死伤共约五六万人。"18日又有百架美机空袭，22日章肇元任职的公用局上川上南两路管理处所在的浦东高庙遭受轰炸，24日高庙又受空袭。连续数日的轰炸造成大量平民伤亡，上海人心极度恐慌，市

---

① 章肇元致余光裕，1945年4月14日，031信。

民纷纷外逃,更打消了余光裕的返沪计划。

在乡间赋闲三月有余,余光裕苦闷焦虑达到极点。他写信向夏懋修大吐苦水,形容自己乡居以来就像被幽禁在荒岛的罪犯,没有知己和切磋学识的同伴,周边是充满迂旧迷信思想的"土老儿世界"。他看不惯奉承土豪劣绅暴发户的势利风气,乡保长不识字却"乘着混世时代而大摸其混水鱼",收费员横行乡里将农民欺压得敢怒不敢言。老家的村妇喜管闲事,为鸡毛蒜皮的小事彼此骂战,母亲余吕氏也加入她们的行列,唠叨又固执,也让余光裕感到无奈与厌倦。

4. 空军时期

美机轰炸未能将日军驱逐出上海,而两颗原子弹让日本迅速投降。1945 年 8 月 10 日,日本政府通过中立国照会中、美、英、苏四国,表示接受《波茨坦公告》。第二天一早,和平的消息迅速传遍上海。11 日傍晚章肇元在上海"远远的望见江海关的大钟上升着国旗,久已未见的美丽的国旗在那大钟上飘扬,测猜着和平也许是事实了。到南京路外滩上岸,只南京路上人山人海,满街鲜艳的国旗在微风中飘荡,可是倒底和平了没有,还没有听到正式的广播"。8 月 15 日,日本正式宣布无条件投降。8 月 18 日,日本投降消息传到乡间,余光裕非常兴奋,写信向章肇元询问上海光复后的时局,"恨不得即插翅飞来上海看个究竟"。

余光裕还感慨如果没有日寇的侵略和攫取,说不定早成就了一番事业,对光复后的上海充满信心,以为赶走日寇后环境和平,百业复兴,青年们就有大展拳脚的机会。与余光裕分别四月有余的李志豪也认为时局平定,各机关正需要人才,希望余光裕尽快返回上海。但属于日军方面的各机关、商店、工厂暂告解散,等待接收和复业,李志豪任职的伪路易印钞厂解散,章肇元任职的伪公用局也准备移交给国民政府而暂告失业。失业并没有改变青年们的乐观心态，章肇元相信，"现在既已得到最后胜利，难关亦已过去，失去这里的职务亦无关重要，另找别业，以谋永久性工作为是"。1945 年 9 月 8 日，余光裕返回上海，暂时寓居姑母家即金陵东路祥安里怡丰泰报关行。余光裕试图寻找工作，但上海处于"过渡时期"，接收到的工厂设备、原料、成品被倒卖一空，许多企业机关迟迟未能复业，商业更加凋敝。[①]余光裕本想请托章肇元的父亲介绍进入中央银行工作，但章镜明"过去在伪方中央储蓄会做过事，所以目下连他自也不能进去，因为政府不容许做过伪方事的人再重入国家银行"。余光裕在姑母家暂住一个月，四处请托谋求职位而毫无结果。

　　当时中、低级公务员不如工商业职员待遇可观，公务员、教师等职业的薪水上涨速度远低于物价水平的增长，但余光裕不得不考虑暂谋公务员职位渡过难关。10 月上旬，余光裕进入大场空军第二地区司令部第三地勤中队军需室任职。大场机场位于宝山西南部，是1938 年日军强行圈地建造的军用机场，抗战胜利后为中国空军使用。空军第二地区司令部是为接收日本空军及物资、设备而设置的机关，1945 年 8 月下旬司令章杰率官佐飞抵上海，暂驻大场机场，协助中、美工程师及工程队布置各机场地面设备。9 月 17 日司令部迁到江湾机场办公，余光裕所在的地勤中队仍驻大场。[②]大场机场远离上海市区，工作时间很不自由。

　　李志豪工作的路易印钞厂解散后，不久进入华纳国家印刷厂。

---

　　① 中华全国总工会中国职工运动史研究室编：《中国工会历史文献 5（1945.9—1949.9）》，工人出版社，1959 年，第 438 页。《上海工人协会为反对内战挽救工业危机告工友书（1946 年 6 月 6 日）》："根据经济部自己制就的统计，接管敌产机器厂共 263 家，现已复工不到四十家，其余除少数查明系国人产业发还外（大部分未开工），或在标售中，至今问津乏人，或在辗转移交中，或以准备复工的名义永远地停着。"

　　② 上海市年鉴委员会：《（民国三十五年）上海市年鉴》，1946 年，第 H28 页。

两人工作单位相距甚远,余光裕每次抽空与李志豪相聚都十分匆忙,订婚计划更是再三拖延。到了 11 月底,订婚仍无安排,李志豪有些急切,写信指邻居因二人没有订婚而闲话四起,询问余光裕是否真心,旁敲侧击催促订婚。余光裕回信说"就拿我目前所处的环境来说,仪式的举[办]最好是稍缓一下,在吾想来,真正纯洁的友情,不一定要用形式去束缚住"。余光裕从未变心,只是薪水微薄,物价不断飞涨,从 1945 年 10 月入空军到次年 3 月辞职,余光裕共寄法币15 000 元回家,其间上海白粳米价暴涨至每石 2.6 万元。① 余光裕无力负担订婚费用,只能一再推迟,并且一直"稍缓"到 1946 年。余光裕迟迟不订婚,李志豪难免猜忌,外人看来两人感情也已疏淡。这种情况下,1946 年 1 月底李志豪父母要求两人分手,3 月余光裕给母亲的信中称"李小姐因屡次催促订婚,儿感于自己环境不允许,目前无力实行仪式,竟致家长方面另起变卦"。与李志豪分手让余光裕非常沮丧,曾向多位朋友讲述此事,友人们劝余光裕不必过分忧虑,刘梓庚安慰日后商场上发财自有妻子送上,说"财乃万能魔王"、"尔镰之妻岂非金钱来成功而配偶"。

余光裕意识到空军的薪水无力应付家用,恰逢军区调整,空军第三地区司令部已由杭抵沪,接管完毕,第二地区司令部即将移驻江苏常州机场,继续在空军工作需要离开上海。余光裕终于决定从空军辞职,留在上海投靠姑母和表哥的怡丰泰报关行。

5. 怡丰泰报关行时期

1946 年 2 月中旬左右,余光裕从空军辞职。此举遭母亲吕氏坚

---

① 楼开照、徐博东、刘启民主编:《中华民国实录·第 4 卷》,吉林人民出版社,1997年,第 3455 页。

决反对。年前余光裕预计部队东调，给母亲写信表达辞职的意愿，吕氏劝他不要辞职，"以名为重，利次之"。3月上旬乡下亲戚芙蓉来上海，见余光裕与李志豪分手，又从大场辞职寓居姑母家，回乡之后添油加醋说余光裕因情场失意而脱离空军。吕氏听闻儿子因失恋一蹶不振放弃前程，非常气愤，斥责"重伤老人之心，非惟不智，且不孝甚矣。今限汝仍复原职，不然吾亦无面目见汝矣"。吕氏反对余光裕辞职空军的重要原因是空军身份攸关吕氏乡间的身份地位，原来余光裕入职空军后，利用军职身份致函乡保长要求减免捐税，吕氏捐费获全额豁免，因此竭力在乡间隐瞒余光裕辞职的实情。3月下旬余光裕托人回家向母亲解释因薪水太低辞职空军，吕氏表示理解，但4月余光裕寄来的怡丰泰报关行信封仍在乡间引起议论，吕氏希望余光裕仍以空军信封往家中寄信免受邻居冷嘲热讽。5月佣工丁阿火趁吕氏做饭时，偷看藏在厨房的余光裕家书，并传布吕氏翻倍吹嘘余光裕寄回家钱数的内情，吕氏与丁阿火理论，又遭丁阿火妻子带妇女连日奚落。

余光裕到金陵东路祥安里四号怡丰泰报关行任职后，主要开展上海到汉口、天津、东北等地的货运报税业务，时间较为自由，每周日都能休假，平时可以随意外出，待遇也较空军丰厚。3月23日他给李志豪写信约见，希望重归于好。因李志豪家邻居说闲话、偷拿信件等原因，两人安排每周在大光明影院、美琪大戏院或大华戏院约会一次，开始筹备订婚事宜，包括给女方买手表或大衣。1946年6月2日，余光裕提出请李志豪母亲在冠生园吃饭，商量订婚事宜及结婚条件。

1946年6月17日，余光裕与李志豪借西藏南路上海中华基督教青年会总会（俗称"八仙桥青年会"）的交谊厅举行新式订婚礼仪。当时上海中上层人士与时髦青年多在此举办婚礼，包括后来章肇元与邹蕙琳的婚礼。① 余光裕与李志豪的订婚启事在《新闻报》上刊出："兹承俞锡华、林绅传两先生介绍,并征得双方家长同意,谨詹于民国卅五年六月十七日,假座上海八仙桥青年会,举行订婚礼,特此敬告诸亲友。"②订婚仪式的核心是宣读订婚证书,订婚人、证婚人、介绍人、主婚人都在证书上盖印。订婚仪式的费用包括场地租金电费18 000 元,请客茶点 138 000 元。李志豪体谅光裕挣钱不易,没有要求更大排场,吕氏也说这场订婚不算靡费,而且比福民老同事管克非订婚时一桌家宴更加盛大而具仪式感。订婚仪式邀请五十多位亲友参加,包括李志豪的父母、舅舅、表兄及朋友杨玉美、冯彩稚,余光裕的表兄弟吕光浩、吕光普、吕光川及朋友陈尔镳、曹关海、朱尔开、蒋

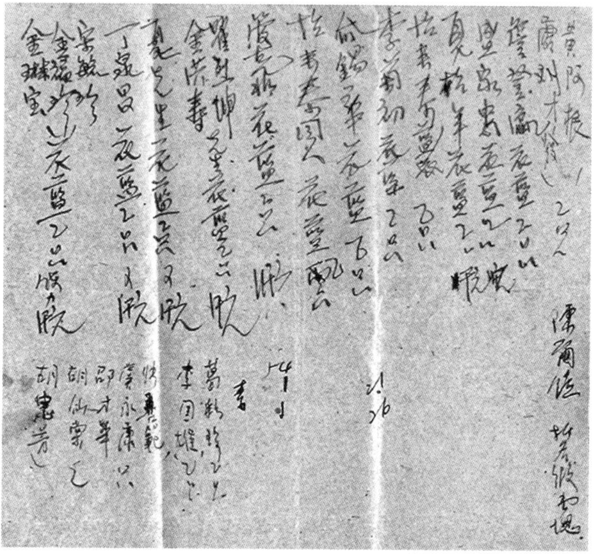

图 3　1946 年余李订婚仪式赠送花篮及礼金的宾客名单

---

① 《章肇元邹蕙琳结婚启事》,《新闻报》第 17944 号,1947 年 5 月 11 日,第 7 版。
② 《余光裕李志豪订婚启事》,《新闻报》第 17621 号,1946 年 6 月 17 日,第 12 版。

耕声、马善榢、管克非等,在军队任职的顾久抗等友人也写信祝贺,[①]余光裕母亲与幼弟则没有参加。

订婚后余光裕仍在怡丰泰报关行工作。121 号信中,祝明珊离开上海到汉口办货运贸易,报单、税单等手续与往常不同,给余光裕写信咨询报关手续问题。132 号信中,余光裕提及自己同祝明珊一起到汉口办货蚀本四十余万。151 号信中,汉口的田桝森经印刷公司吴兴菴经理介绍,向余光裕询问货运规定和税率。以上数信说明余光裕主要负责办理水路运输的报税业务,也自己投资参与贸易。1947 年给夏懋修以及母亲吕氏的信中,余光裕谈到报关行在 1946 年春夏间尚可获利,后因某股东做投机蚀本而大亏,年底没有分红,"行中年终结账,竟亏蚀一仟余万元,致一年来所盼望中之'花红'亦告无着",因此不得不取消春节回乡的计划。[②]

1947 年春节后,余光裕似乎计划随蒋耕声进入中国石油公司工作。[③] 根据 2019 年 4 月 25 日在余光裕家乡田野采访获得的信息,余光裕应该于 1948 年携李志豪及女儿远赴台湾。余光裕赴台应该是追随夏懋修。天赐药厂解散后,夏懋修回濮院老家暂居,1945 年 8 月参加嘉兴战地服务团,抗战胜利后进入嘉兴县城协助政府接收日伪机构,10 月调任县政府负责总务。1946 年 1 月夏懋修到台湾继续做接收工作,并在台湾纸业有限公司高雄厂任厂长。在余光裕赴台前,蒋耕声、祝明珊两位老同事已于 1947 年 1 月投奔夏懋修。

---

①　顾久抗致余光裕,1946 年 7 月 9 日,140 信。
②　余光裕致余吕氏,1947 年 1 月 22 日,167 信。
③　陈尔镳致余光裕,1947 年 3 月 17 日,169 信;王忠本致余光裕,1947 年 4 月 13 日,171 信;章肇元致余光裕,1947 年 2 月 9 日,168 信。

三、余光裕书信的社会史研究

1. 民间书信史料价值的特点

近代史的史料异常丰富,机关档案、公文书、报刊及精英阶层的日记、书信等大量系统整理并被广泛运用于历史研究。相对而言,民间书信、日记等私家文书虽有大量保存收藏,却较少付诸整理和研究。近年来普通民众的社会生活已引起史学界的重视,陆续有民间文书的整理与作品问世,与 1940 年代的上海直接相关的就有《1942—1945:我的上海沦陷生活》与《一个上海打工青年的日常生活(1947—1948)》两种著作。前者是上海五金行店员的日记,[①]日记作者颜滨与余光裕是同龄人,都出身于浙江农村,社会地位也相近,他们的日常生活和精神世界有许多共同之处,爱读鲁迅和巴金的文章,补习英文,看电影,逛公园,为工作时间不得自由而牢骚,为恋爱遇到挫折而苦恼,对物价飞涨、美军轰炸的动荡时局有诸多抱怨。后者是上海纺织工厂职员炳德的日记,[②]仅有单册被发现,内容多是琐碎的生活片段。日记与书信往往是普通人最主要的文字记录形式,普通人的日记一般没有公开展示的目的,记录的内容多有独白、自省的特点。

---

① 颜滨:《1942—1945:我的上海沦陷生活》,人民出版社,2015 年。
② 叶舟:《一个上海打工青年的日常生活(1947—1948)》,《史林》2012 年第 5 期,第 25—34、189 页。

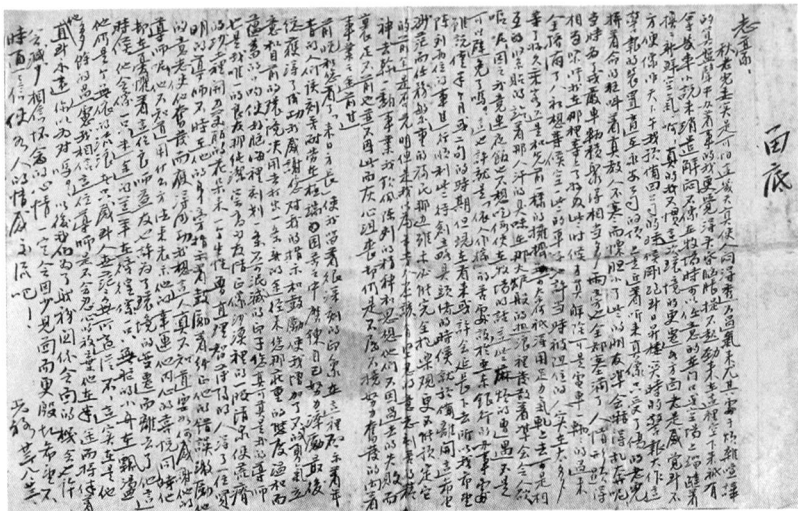

图 4　005 号信余光裕草稿留底

　　书信与日记不同，本质上是社会交际的产物，是呈现日常社会关系最生动原始的材料，有其独特的史料特点。作为史料的余光裕书信除了时间集中、连续性强之外，由于余光裕保存信函草稿的习惯，这批书信特别是情书部分保存着通信双方的信息，完整记录了恋爱各阶段双方的情感互动，这在民间书信史料中尤显难得与珍贵。

　　余光裕书信的对象主要是恋人李志豪、工作中结识的朋友们，以及母亲等亲戚，信件的内容围绕恋情、生计及与原生家族关系而展开。身处抗战前后的特殊时代背景，政局变化对余光裕的职业与生计产生重大影响，而个人在城乡关系中的具体位置又支配着余光裕等人的身份与前途命运。因此整体而言，余光裕书信是上海光复前后一批在城乡之间流动的青年婚恋史与生计史的生动写照，可以从开埠以来上海城乡关系、情感史及生计史三方面来讨论其具体的史料价值。

2. 连续与割裂：上海大都市的新旧城乡关系

在传统中国，城市主要是统治广大乡村的政治中心，但科举仕宦与破产农民持续在城乡间流动，明代以来江南地区又出现乡绅城居现象，流动与连续也是传统城乡关系固有的内容。自 1843 年开埠以来，上海从不起眼的海边县城发展为远东第一大都市，显示出中国其他任何地方无可比拟的现代化、洋派乃至光怪陆离的一面。随着租界的建立，上海出现的大批洋人对于传统中国而言是全新的社会群体。海外贸易的发达、现代社会生活的兴起促使上海出现了各式新职业，革命党人与各式江湖人士也混杂其间。无论身份地位与职业角色，洋人以外的各式新上海人无不来自中国传统社会，特别是相邻的江浙两省。近代上海大都市的城乡关系也有新与旧的两面性，一方面江浙乡绅与破产农民纷纷进入上海寻求新的发展机会，另一方面很多新式教育与新式职业只有在上海才有用武之地。

余光裕书信中的上海青年们无不面临着城乡关系的新旧两面。淞沪会战后，上海经历了一次移民小高峰。1936 年到 1942 年公共租界及法租界增加了 80 万人，租界人口占上海总人口的六成以上。为躲避日军侵略，大批沦陷区民众迁移进租界"孤岛"，财富、劳动力向上海集聚，激发了工商业与市民文化的繁荣。余光裕也在这股潮流中来到上海。从个人经历来看，1941 年前后在上海立信会计学校接受职业培训是非常现代的城市化经历。但余光裕在上海学习进而工作，更多还是有赖于传统的社会关系，一方面 1919 年姑父与父亲在上海经营煤号及报关行，为余光裕进入上海学习与工作提供了路径与经济保障，另一方面余光裕家书中几次提到一位在上海能帮忙关照工作的"陈先生"，应该是同乡的陈三伯父，他为余光裕在上海引荐了福民和空军的工作。

在上海谋生与恋爱的余光裕面对的城乡关系既有连续的一面，也有割裂的一面。从 1943 年成年离家，到 1948 年远赴台湾，上海与凌湖村这两个余光裕生活的主要基点已形成根本不同的社会文化景观。城市商业繁荣塑造的消费文化与新式的交通、传媒等工具相结合，塑造着新的社会文化样貌，改变着都市人群的生活方式与观念。技术官僚主导的城市规划将西式公共空间直接移植到城市，公园和广场提供更加文明的休闲方式，公园、电影院、游乐场、百货公司等成为都市标志性景观，街道、集市、庙会等传统公共空间得以重新整饬，酒吧、咖啡馆与赌场、妓院也鱼龙混杂在一起。电车和自行车可以把一对青年男女从城市不同角落送到一处，基督教青年会等组织举办讲座、舞会等公共活动，与陌生人的交往机会增加。以祭祀与团聚为核心的传统节日文化有所衰落，政治意味的纪念日增多，除新年、端午等传统节日外，国父诞辰日、"国庆节"等纪念日成为城市青年表达时间的尺度。中英文报纸、新式杂志与小说、进口与国产的电影等诸多新媒体，为都市青年提供了极其丰富的信息与精神世界，市民精神与公共政治意识也由此熏陶培育。余光裕在上海的恋爱与日常生活，无不由以上种种都市景观、时空结构、符号资讯所浸育、塑造与规训。

余光裕的家乡凌湖村是典型的江南水乡与传统熟人社会。凌湖村是江南水网之间的微小聚落，由众多散姓家庭贴邻而居。既缺乏传统宗法秩序的规范，更远离现代政治运动与商业秩序，乡村熟人社会的势利攀比更加露骨与烦忧人心。余光裕即使在上海得以立足，也仍然要接受家乡的评价，母亲余吕氏在家书中对余光裕诉说，"夏保仁今年已有十万元寄家，王阿毛父子传说在申非常得意，已有金条储藏，家财不可胜数。如悉凌湖出门者，惟汝不发达，致引起外人之嘲笑"。余光裕在上海的发展关乎老家的颜面，吕氏与邻居为田事吵架,竟要求余光裕回乡帮她出气,"我受人侮辱,汝置我作旁观,汝不回,岂不使人笑? 我何面目在世,实自愿碰死,奈忆汝弟年幼,无人抚养,故暂息气"。

余光裕认同与向往上海的都市生活,但仍受乡村社会的羁绊,自然会用新旧对立的话语理解与描述城乡文化的差异。余光裕认为乡间的婚姻和道德已腐旧得跟不上时代,失业回乡的短暂经历让他对乡村生活更是心生厌烦。城乡对立在余光裕身上的另一种体现,是他时常在给李志豪的情书中透露出对乡村出身的自卑,"老实的对你说吧,环境和经济都是不容许这个时代的落伍者去尝试(或享受)灯红酒绿的滋味的,他只有永远配做那静僻地方的一个蠢愚的青年"。当然他根本不愿意留在那个"静僻地方",他拒绝了乡公所的邀请,坚持"不欲沾染恶浊"的信念。倒是章肇元、李志豪等城市出生的青年多次在信中表达了对乡村纯朴的田园牧歌生活的向往,在"纯洁的青年"与"繁恶紊杂的都市"的意象中,与余光裕反向地表述着上海都市与传统乡村割裂对立的结构性矛盾。

3. 自由组建小家庭:中国式爱情的诞生

自新文化运动特别是 1919 年五四运动以来,自由恋爱已成为中国知识阶层普遍接受的价值观念。但当时自由恋爱的核心是反对父母做主的包办婚姻,男女恋爱本身的内涵比较空洞。理论上讲,由西方传入的自由恋爱观念应该以激情、浪漫爱情为内容,这样的爱情应该出于男女本能的欲望,并且具有至高无上的价值。[①] 但事实上,中国知识阶层在普遍接受自由恋爱观念的同时,对浪漫爱情的接受程度相当之低。《一个民国少女的日记》记述文树新与有家室的老师的

---

① 〔德〕尼古拉斯·卢曼:《作为激情的爱情》,华东师范大学出版社,2019 年。

爱情经历,既遭到外交官父亲的激烈反对,更以 18 岁的文树新香消玉殒的悲剧收场,可谓浪漫爱情遭遇中国社会的真实写照。中国式爱情的另一种出路,在余光裕阅读的巴金小说《爱情的三部曲》中有生动表现,爱情的浪漫主义色彩似乎需要跟家国情怀结合起来才有出路,这就是所谓"爱情＋革命"的模式。

上海都市还有另一种恋爱形态,就是余光裕的书信中所描述的"有悦耳的情话可以听到,性情都非常的柔和,一切肯为他人而牺牲,又毫无丝毫的成见,那种缱绻真挚的爱情真会使对方感到满足安慰。可是实质上倒并不是如此,各人都在掩遮着自己的短处,像伶人在演,务求其生动毕肖而要使对方蒙蔽在鼓里,在恋爱进行中不惜费尽了金钱时光精神,三日不隔两的约会着,携手缓步,像背台辞般的说着喁喁的情话,使二人陶醉在二性的爱氛里而得到暂时的安慰"。以穆时英《上海的狐步舞》《圣处女的感情》为代表的新感觉派小说,以及《倾城之恋》《白玫瑰与红玫瑰》等张爱玲小说,对这类主要发生在舞厅、酒吧、夜总会的都市迷离情爱有相当生动、深刻的表现。但余光裕对此毫无向往,只是轻蔑地描述为"恶浊的都市里正多着如此样的青年男女"。

电影《夜半歌声》讲述试图走向婚姻的自由恋爱遭到女方父亲及恶霸阻挠的爱情悲剧,这部电影的重映应该能引起余光裕的情感共鸣。余光裕与李志豪无疑是自由恋爱,但整个过程很难让人感受到爱情的激情与浪漫。或许余光裕曾有激情与浪漫的尝试,只是被李志豪压制下来,两人还因此产生误会,余光裕不得不对登徒子式的轻薄展开批判而辩白自己情感的纯洁。李志豪在两人关系进展上明显处于优势地位,恋爱的节奏也由李志豪所掌握。在这批书信中,余光裕与李志豪由同事发展成为未婚夫妻,两人的关系经历了礼节性社交、朋友、试探感情、恋爱、在离别中经受考验、谈婚论嫁这样一个教科书般情感进阶的过程,其实质就是以婚姻为目的、由友谊升华而成的爱情。这样的恋爱模式,情感主要表现为纯洁与坚守,因此余光裕需要接受控制欲望与忍受离别的双重考验。

以婚姻为目的的恋爱注定不只是男女个体之间的情感关系,两人原生家庭乃至各自所有社交关系的整合才是最终寻求的结果。因此双方都需要征得双方父母的同意,恋爱才能向订婚这个阶段顺利发展。反对包办婚姻这个自由恋爱的"五四"式主题从未消失,所以母亲吕氏接受自己的恋爱对象李志豪时,余光裕还有意外、幸免于难的感觉。经济条件也是走向婚姻不得不面临的重大议题,为此余光裕不得不再三拖延订婚日期、与李志豪家长进行谈判(商议),并一度面临恋爱分手的"悲惨"境地。

余光裕与李志豪的情书如此完整地呈现中国青年男女婚恋可能经历的各种要素,作为中国式"爱情"的案例,余李之恋堪称是典范。这种"爱情"模式以反对包办婚姻的自由恋爱观念作为起点,却没有绕开门当户对的传统婚姻观念,甚至以友谊升华、控制欲望作为情感诉求的主要内容,某种意义上可以理解为"自由地组建小家庭"的社会机制。

4. 教育程度与人际关系:决定青年人生计与前途的主要因素

除了与李志豪谈恋爱、处理与原生家庭母亲吕氏的关系,余光裕与其他朋友的通信主要围绕生计问题展开。这批书信可分为福民、天赐、乡居、空军、怡丰泰五个时期,其实是余光裕求职的不同阶段。余光裕解决生计的途径主要是在商业或军政机构谋求职位,但他始终没有放弃过创业的愿望。多次与朋友共同创业的尝试均归于失败,或许是特殊时代背景的原因,1940年代上海青年的生存压力似乎高于他们的父辈。至少余光裕的父亲与姑父都有机会在上海创业，最后也是依赖姑父创办的报关行帮余光裕度过了收入减少及失恋的危机。

　　余光裕与他的朋友们谋求职位的成败优劣取决于两方面的条件，一是他们受教育的程度，二是人际关系的请托。余光裕凭借会计的职业培训可以在上海谋求相应的职位，初中文凭的缺失则让他失去几次谋职的机会。余光裕每一次谋职几乎都是熟人介绍的结果，真正走投无路时就选择投靠亲戚，纯粹市场化的公开招聘、职位面试之类的情节似乎没有在他们的通信中出现过。

　　相对而言，夏懋修与章肇元凭借更好的教育程度与出身背景谋取更优越的职位，也因为能提供更多的谋职渠道而成为朋友圈的核心人物。夏懋修接受过高等教育，从事技术或管理工作，也有机会主持政府委派的任务。书信的末期，夏懋修被派任台湾纸业有限公司高雄厂厂长，包括余光裕在内的一批福民公司同事纷纷赴台投奔夏懋修。章肇元的父亲章镜明原是浙江桐乡濮院的地方士绅，1924年曾被公举为濮院红十字分会副会长，[①]1930年由中央银行武汉分行出纳课主任调任江西分行会计课主任，[②]1933年前又调任到天津分行。[③]天赐药厂倒闭后，章肇元在位于浦东高庙的伪公用局上川上南两路管理处任会计。抗战胜利后，公用局被接收改归商办，章肇元失业，于是另谋中国旅行社的职事。章肇元的感情生活也比余光裕丰富，不但纠缠于两位女友之间，还主动提出帮助乡居期间的余光裕协调与李志豪之间的恋情。抗战胜利后，余光裕本想请托章肇元的父亲介绍进入中央银行工作，因章镜明自身难保而未果。

---

　　① 《濮院红十字会成立》，《申报》1924年10月3日，第7版。（注：上海图书馆藏报刊）
　　② 《本行人事两则》，《中央银行旬报》第2卷第26号。
　　③ 《中央银行史料（上卷）1928.11—1949.5》，中国金融出版社，2005年，第69页。

余光裕的朋友中多少依赖夏懋修的还有蒋耕声,在天赐厂倒闭后到扬中乡间做生意不成功,到濮院找夏懋修合伙做生意,被夏的妻子阻止。蒋耕声后来在上海黄渡与姐夫做摊贩生意,卖杂粮和布匹。抗战胜利后,货物来源打通,单帮摊贩没有出路,蒋耕声又于1947年2月入职中国石油公司。祝明珊则因天赐解散后到扬中做生意不成,回到上海进入陈三伯父的保源厂,同时开设汽水生意,1947年1月赴台湾投奔夏懋修。朱尔开在保源厂时,与就读于求德女子中学的邻居女孩恋爱,女友力劝他弃商求学,后随祝明珊一起赴台。海宁人管克非则曾向夏懋修借高中文凭拍照而通过大夏大学的考试。

陈尔镳,又名陈曦,1944年9月与刘梓庚合伙组建志成贸易公司,不久公司瓦解。余光裕信中提到的陈三伯父,应该就是陈尔镳的陈三叔父,除了帮余光裕、祝明珊介绍工作之外,陈尔镳1945年7月进入钞票厂任工人进出检查员也是通过陈三叔父介绍,而且收入颇佳。12月陈尔镳又听陈三叔父建议重整旧纺织厂,但经营遇到困难,此后筹备合伙办运销商号,还请余光裕入股。与陈尔镳一起创办志成贸易公司的刘梓庚又名刘骅,他后来经营运输公司,因受战局影响而无力维持经营,后返回绍兴老家。

余光裕的其他朋友还有空军同事胡渠铣,他曾帮余光裕办理空军离职证,后来在松江电器股份有限公司任职。顾久抗则是余光裕的上虞同乡,长期从军,在东南各省来回驻防,其间与女友葛映云失去联络,此后决定弃戎从商。

这些青年职员的职业道路选择,受限于学识和人脉,不能简单用逐利来解释。有人迷恋上海的都市氛围最终却失意返乡,有人执着于创业而屡屡碰壁……他们在奋斗的道路上相互鼓励,联结一张相互提携的人脉网络,从而有机会跳脱出乡情、血缘维系的传统社会,在频繁流动的城市里构建以同事与朋友为纽带的新型人际关系。

5. 书信的制作和流动：信封和信纸包含的信息

余光裕书信中的 51 件信封，包含邮戳、邮票、印制单位等多样信息，能够反映抗战胜利前后的邮政情况。南京国民政府成立后，将大清邮政改制为中华邮政，但仍在邮政总局下设的各邮区内聘用洋人担任会办。抗战全面爆发后，邮政掌权派主张利用日军对外籍邮务长官和雇员的忌惮，在沦陷区维持中华邮政，而日军则采取渐进的办法，安插日本邮务官，夺取或控制中华邮政。① 由于中华邮政的艰难维持，浙江虽为国民党大后方，与沦陷于日寇的上海仍能保持通邮。

根据信封上的邮戳和邮票显示，正常情况下，书信在上海和凌湖之间邮递，根据邮戳显示，要经过崧厦、上海两个邮局，两戳之间时间间隔 3—5 天。以 116 号吕氏从凌湖寄到上海的信封为例，贴八分的中华邮政邮票，但盖有"国币念（廿）元"的戳记，显示出物价上涨的速度。032 号信和 054 号信中，余光裕提到自己从上海返乡的路程，由同乡信客潘双龙组织一群返乡人员，雇长途汽车到闵行，再乘快船到曹泾，坐帆船渡过钱塘江，步行十四五里路抵达凌湖，全程约需用时四天三夜。而寄信和收信之间通常需 5—7 天，说明乡间邮递效率仍然较低。

自然灾害导致的交通阻塞影响书信邮递效率，尤其是乡村邮路不畅，易发生信件迟滞。042 号信提到 1945 年 5 月曹娥江河流干涸，船只不能通行，李志豪从上海寄出的书信历时 15 天才抵达凌湖。048 号信中章肇元提到余光裕在乡间寄出的两封信，先发者反而后

① 张劲：《传邮万里 国脉所系——抗战时期的中国邮政述论》，《同济大学学报》1995 年第 1 期，第 30—35 页。

至。章肇元对于乡间邮递迟滞的现象评价道："可是信札往来之迟，已无可再长，二星期前接彼到家后三日所发出之信，至日昨才接读自我来浦东即发寄（四月十二日）彼之回信，仅仅一钱江之隔，来回竟逾月余之久，可谓慢矣。"因为信件迟滞，余光裕在乡间的很多消息都由浦东的章肇元另写信转达给李志豪，余光裕寄去宁波的求职信也三封并成一封，由章肇元帮忙转寄。受限于乡村邮递效率，余光裕乡居期间与上海朋友的另一种常见通信方式是托往来同乡捎带信件，055号信提到章肇元托同乡给余光裕带信，这封信送达耗时 7 天，与正常情况下邮局送达快信用时基本一致。此外邮局罢工也曾导致书信迟滞。李志豪的 019 号信在上海市内投递，但因邮工闹罢工，余光裕同城收到此信竟是 7 天以后，还因此错失了一次约会。

抗战胜利后，国民政府交通部邮政总局收复沦陷区邮政。1947年 5 月起，在上海、北平、汉口等大都市设立赶班信筒，规定本埠信件下午三点前投送，当天即送到。机器脚踏车和小汽车也被投入使用，以提高邮递效率。余光裕的上海市内朋友寄来的信件通常一天或一夜即可收到。

余光裕的书信中，有些人专门印制了私人信缄，有些人还选用了特殊样式图案的信纸。城市职员惯用工作单位印制的信缄和信纸，这种信缄通常印有公司地址、电话，有的甚至还标有业务范围和产品广告。选择公司信缄一方面是因为方便取用，另一方面也代表信主有一份正经体面的工作。余光裕的母亲对家书信缄十分执着，要求余光裕用空军信封向乡间寄信，这说明专门印制的信封具有标识身份、彰显地位的功能。

余光裕的同乡顾久康，可能在从军后即取"抗战"之意而改名顾久抗，使用"后方勤务总司令部东南区第二卫生大队"印发的信缄，还使用印有"久抗用笺"的信纸，署名上加盖篆体"顾久抗"名章。顾久抗的专用信笺不仅彰显了身份，还包含了抗战报国的志向。

　　李志豪经常使用一种浅蓝色信纸，章肇元称自己一看见蓝色信纸，就知道是李志豪的来信。余光裕夸赞李志豪的信纸和字迹："今天早上接到你一封为我所渴望中的快信，整齐的字迹衬着蓝色的信笺更觉得可爱动人，有一种说不出的兴奋，我仿佛觉得你仍在我的身旁低声温和的倾诉着笑，远远的怪怕羞地，又使我堕入美的梦境里。"隽永恬淡的浅蓝色信纸使余光裕联想到了李志豪温柔美丽的形象，说明书信中不仅文字内容可以传情，载体本身也能传递情绪。

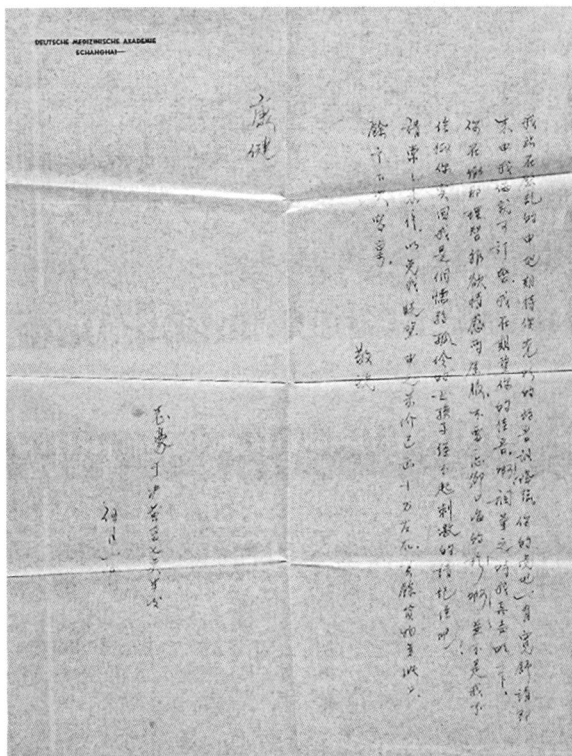

图5　035号信李志豪使用的淡蓝色同济医院信笺

书写工具的选取也很有意味。胡渠铣 166 号信中自嘲钢笔字欠佳,059 号信中李志豪夸赞章肇元的钢笔字庄严端正。工整的钢笔字被上海青年认为是知识文化阶层的时髦产物,而勾连草写的毛笔字虽象征旧文化旧习气,却是最常见的一种字迹。余光裕开蒙时学习毛笔行书,钢笔字实为自学成才,他正式写信时最常选择毛笔,但和上海好友通信时会使用钢笔,草稿则常用铅笔。不同书写工具的选择既体现了青年职员群体的文化潮流,也体现了不同人物之间的亲疏远近。

余光裕书信的日常生活史

凡 例

一、书信整理分为定名、前叙、录文、备注四个部分。

二、各部分内容以不同字体区分,定名用粗宋体,前叙用宋体,录文用楷体,备注用仿宋体,备注中录文亦用楷体。正文中不另行标示。

三、定名按书信写成的时间顺序编号,并以致信者、收信者、日期为定名规则,一般定名结构为"某某致某某(某年某月某日)"。有些信件未署具体日期,则依据其内容推测时间进行编号,定名中无"某年某月某日"部分。一封书信的完整定名包括编号。

四、前叙是整理者依据书信内容撰写的提要,提要内容是对信件呈现事件的简要叙述,不涉及分析与评论。

五、录文中□表示缺字,■表示无法辨认之字,删除线是原信件草稿中涂改删除的字句。

六、原信件中的错别字保留,一般不改;部分错别字以【 】补注正字。部分缺字处以〔 〕补字。

七、原信件中以硬笔书写者,其标点或不符合现代汉语规范,另有部分毛笔书写者未标句读,整理时均重新标点。

八、备注仅是对书信形态的补充说明,不涉及内容与字句的解释。

一、福民乳品公司时期(1944年8月—1944年10月)

001. 李志豪致余光裕(1944年8月7日)

8月5日周六,余光裕休假,骑自行车去李志豪家看望,没有遇到志豪,因此留信。周一晚上李志豪下班回家看到余光裕周末寄出的信,匆忙给他覆信。

光裕先生:

你底大函已收到(今日下午),那时我还在厂里,你在问我底时候,我只管摇头,好如代表未曾接到,那时底情况我看你非常奇怪,是吗?

回家后即看见你底贵函,心中一喜。多谢你惦念我之眼痛病,谢谢谢谢。

前两天你骑了自由车往我这里来,未曾与我遇见,抱慊【歉】得很,请你原谅。

为了时间底局促,就寥寥的涂了几行,因为她们都来了。

有空暇之间我们再面谈吧!

志豪手书

八、七、晚七时

002. 余光裕致李志豪(1944 年 8 月 15 日)

8 月 15 日,余光裕写信邀请李志豪、杨玉美、冯彩稚三位同事向牧场请假半天,坐电车进城看电影《夜半歌声》的重映。杨、冯是李志豪在福民牧场的同事兼好友。

《夜半歌声》虽是一部重映的旧片,然而剧情和演技都是非常精湛而成功的,在过去已是博得很高的评价,假使您们曾在那时看过的话,则像这样闷人的秋风秋雨中不妨再去赏观它一下。

昨晚我顺便购就沪光日场二时半(今日)券三张,请李、杨、冯你们三位准时往观去看看。您们在牧场午膳后可向徐先生告假半天,是不会不允的。日间我无暇外出所以不能奉陪,抱歉得很! 晚场因电车提早停驶,尤以近几天以来的天时不正,返往殊多不便,所以日间去看是比较便当得多吧。

光裕

八、十五、晨

本来呢,夜场可以不妨碍工作,比较适当些,可是近几天来天气时晴时雨,晚间电车又提早停驶,说不定还要灯火管制,反正午饭后你们向徐先生告半天假是不会有问题的。所抱歉的就是我没有空暇,不能陪你们一块儿去,下次有机会再补偿吧!

此件为草稿,铅笔书写。字迹较潦草,有涂改。使用淡黄色花卉图案信纸。

003. 余光裕致李志豪

余光裕将同事议论二人交往的玩笑话讲给冯彩稚,传到志豪耳中。余光裕在休假日早晨与李志豪会面,被李志豪问起此事。分别之后他怕李志豪介怀,写信澄清。

志豪:

真该说声抱歉,为了我天性鲁直说话不拘小节,前天我偶而顺口的和阿彩说了句笑话,害得你介怀,真觉有些不安。今天早晨和你会面后,我随即就回到厂里公司去,在路上碰到夏先生到兆丰公园去,一想刚巧我今天是轮到休假,所以就到了公园。可地方实在太大了些,找了好久,夏先生没有看到,没奈何独自的在一个寂静的树林里坐了下来。昨夜刚下过雨,四下里的草木受了雨水的洗刷,真是青翠欲滴。早晨的空气又是怪清凉的,游园的人尚不多,非常寂静,间或有几声蝉鸣,但当一静止下来的时候分外的感到宁静。在四处狼烟未熄、生灵涂炭的时候,能有片刻欣赏大自然的美景,是该自慰了,不过,暂时我的心却安静不下来。当脑中浮泛起你刚才会面时你反覆的问我那天晚上坐什么车子的事,心里不知什么似的扰动得利【厉】害。事情是这样,那天晚上你们在回去的时候,厂里有几个职工是看见的,他们美意的说了些笑话,我一不慎把这些话传与了阿彩。我希望这一些芥子般的小事,毋须一再去咀嚼它的味儿。我常听到人说,纯洁的感情是寄托在相互的了解上面,我总愿望我们中间不要有一些不可诉说的地方,因为这样做我们才能得到互解,而能享受到世界上最高贵的友情。的确有时候为了小小的事是会引起不可臆测的后果。顺便说一个例吧!有一个穿高跟鞋的摩登女子,跑过一家银行的门口,偶而被抛丢在地上的一张香蕉皮滑了一交【跤】,于是引动了许多行人聚了拢来。随后有几个神经过敏的朋友一看这银行门口全挤满了人,以为是风声不佳,大家在轧兑,拿了存款据去提存,因之一传十十传百的传了出去,大家都去提款。不巧得很,这家银行的准备刚巧不足,给他们一来竟告倒闭。这原是有些幽默的成份在里面,但我们却可以明白误解是会引起不良的后果,这决不是过分的在夸大呢! 近几日来我的生活还好,精神方面尚愉快,身子也比较前几天好了些。工作完后就回到厂里洗了个澡,赤脚裸身的躺着,听听

　　此件为草稿。

004. 余光裕致李志豪

　　余光裕休病假，闲暇中给李志豪写信聊起交友的话题，希望双方都能不加掩饰地直言，使对方改正缺点。他回忆与志豪在公园聊天和看电影《潇湘秋雨》时对人心险恶的感慨，又援引好友夏懋修关于交友不能被情感迷惑理智的观点。此时夏懋修已从福民公司辞职，余光裕对此感到孤单和难过。

　　孱弱的身体总敌不过秋老虎的威胁，前四五天我又感到不舒服，在病假中使我疲惫而烦躁的脑子得可宁静一下，在静中所以能遐想到过去因生性的鲁钝有着很多冒失不妥的地方，我亟欲改革这种一时为自己所难察的冒失，同时希望你在发觉我有上述缺点的时候，应该立刻指示出来，使[我]随时能察觉，而能加以改良。我想真正纯洁的友情，他们对任何事情一定是会直言互告的，用不着掩饰，因为这样才能使对方的错误得以纠正。

　　我很佩服您那天在公园中谈及"交友"的许多宏论，尤以晚上所看的《潇湘秋雨》，却【确】为这些言辞而点缀，所以也就格外能令人警惕，觉得古今人心险恶的各种感慨交集在我的脑里！

　　在夏先生临别的时候，他对我谈起"交友"的问题来，他说："一个人的朋友固然越多越好，因为在多数中可以挑选出优秀较好的朋友，只要用你的理智能够精细地去分析判别，在好友中还可学得他们的长处，增进自己的学识。不过因朋友多，有时反能使你的脑子糊模，理智昏迷，觉目眩眼花，而踌躇莫定，同样也能使你本来正直的理智歪曲，清楚的头脑昏沉，所谓'近朱者赤近墨者黑'，是薄弱的理智很容易为情感所屈服，交友的不慎谨却往往得到不良的后果。"他的话你以[为]对吗?

　　现在夏先生是与我分别了,我很觉得孤单寂寞和依恋啊! 像这样的好友离去了,真使我怅惶欲哭呢! 他临去叫我致言你们(一位是杨姐),祝您们幸福。虽然他说来日方长,但我总感到怪不惯似的难过。由于这几天心神的不愉快和病魔的侵袭,以致本来一张难看的面庞,分外的消瘦憔悴和可怕!

　　您近来大概很忙吧? 昨天下午我打电话给您,据说您们家里一个人也没有。今天星期日天气是这样的不豪爽,好像要下雨的样子,我只好闷坐在牧场中看看书,不知道您是怎样消遣今天,或是忙着别的事情? 我很想听到您的一些近状。

005. 余光裕致李志豪(1944 年 8 月 23 日)

　　8 月 18 日福民公司在亚东银行设临时办事处,余光裕调动工作地点,新环境比牧场更烦乱。23 日,他给李志豪写信,诉说工作途中遭遇警报戒严之事,并表示可能将辞职投奔友人陈尔镰、刘梓庚一起创业。他还谈论观看电影《来日方长》的感想,认为青年人应该坚忍刻苦地闯一番事业,并赞美李志豪是鼓励他进步的导师。

志豪:

　　秋老虎委实是可怕,这几天真使人闷得透不过气来,尤其处于烦杂喧哗的算盘声中办着事的我,更觉得头昏脑胀提不起劲来。在这里空下来只有拿几本小说来消遣解闷,不像在牧场时可以任意的在门口或空场上蹓跶着换换新鲜空气。啊! 真的我不惯这次环境的更迁,各方面老是感觉到不方便。像昨天下午我预备回公司的时候,刚跑到日升楼,突时的警报大作,这警报的装置适在永安公司的顶上,走近着听来真像只受了伤的老虎,拼着命的狂叫着,真教人不寒而栗,胆小了些的朋友准会吓得乱奔呢! 当时为了戒严,车辆积聚得相当多,两旁也全都塞满了人,情形显得相当紧张,我在那里等上了好些时候才算解除。可是电车一辆辆的过来,全挤满了人,初想等候空一些的车子,也许当时被阻住的人实在太多,等了好久乘客还是和先前一样的拥挤,无可奈何只得用足力气轧上去。可是相互紧贴的站着,那人汗的臭味在那火炉般的热浪里发散着,准会令人欲呕呢,因之我竟连夜饭也不想吃。假使在牧场的话,这些麻烦的遭遇不是可以避免了吗? 这也许就是"依人作嫁"的苦处。设于亚东银行的办事处虽说仅半个月或二旬的时期,但现在看来或许会延长下去,所以我希望陈、刘两位的事进行顺利些,待创立略具头绪的时候就预备离开这。希望渺茫而任务繁重的福民那边虽未必能完全抱乐观,更不能预定它的前途是否光明,但是我以为年青人应该有坚忍的意志、刻苦的精神,去干一翻【番】事业。我钦佩陈、刘的精神和思想,他们不因过去的失败而裹足不前,也并不因此而灰心沮丧,却仍是不屈不挠、努力奋发的向着事业之途前进。

前晚和您看了《来日方长》,使我留着很深刻的印象,在这里启示着年青的人们该刻苦耐劳,在极端困苦之中磨练自己,努力淬励,最后总获得了成功。我感谢您对我的指示和鼓励,使我增加了不少的勇气,立意和目前的环境决斗,去打出一条新的途径来。您那庄重的态度、温和而蕴蓄的口吻,使我脑海里刻划出一条不可泯灭的印子。您真可真是我的导师,也是我唯一的良友,那纯洁崇高的友情正像沙漠里的一股清泉,使荒瘠的沙土里开出美丽的花朵来。一个生性鲁直、理智薄弱的人得了一位贤明的导师,不时在他的身旁指示着、鼓励着,纠正他的错误,激励他的意志,使他奋发而获得成功,我想这人真不知道要如何感谢他的导师呢!他不知道用什么方法来表示他的幸运、他内心的喜悦,同时他却在忧惧着这位良师益友也许为了环境的变迁而离去了,他这时候他会像一只迷途的羔羊在彷徨,像一只无舵的小舟在飘荡,他仍是个无依的流浪者,只感到人世茫茫无所适从。不,这实在是他多余的过虑,我相信这位导师是不会忍心的放弃他在半途,而将伴着他直到永远,你以为对吗? 以后我们为了职务关系,会面的机会也许会减少,相信怀念的心情一定会因少见面而更殷切。希望不时通信使各人的情感交流吧!

光裕

卅三、八、廿三

此件信纸顶部有"留底"二字,字迹较工整,无涂改。纸背有勾画删去的重复段落。

006. 余光裕致余吕氏（1944 年 9 月 2 日）

余光裕写信告知母亲，自己受福民公司调派离开牧场，去浦东收奶处任会计，并询家中汇款及用款等事。

母亲大人膝下：

敬禀者。前汇奉储钞一千元，谅可收到矣。男现由公司当局派往浦东收奶处任事，明日即须赴任。然于人事及工作方面反较牧场繁冗而辛苦，责任亦更重大，此后男是否能胜任该职，尚未可知，盖依人本如作嫁，故唯有听遵调遣也。余如身体及起居均安，请弗锦注为祷。专肃，敬请

福安

男　余光裕叩

再批：亡妹身后用去五千元，是否老币或新币。

此件有信封，包含以下信息：

信封正面：

宁波百官崧厦凌湖亭子前庙南路念号

余光裕母亲台启

申余　卅三、九、二

福民乳品股份有限公司缄

上海哥仑比亚路三五〇号

信封背面：

赵仲达先生　李厚成

夏凉　████

转贤产先生　李厚成先生

桑事务员字

邮戳：

上海　3.9.44 | 10　SHANGHAI

浙江　三十三年九月九日　十一　崧厦

又信纸背面书写：

来信请仍寄斜土路二二三一号谨记路口福民第二牧场可也。

007. 余光裕致李志豪

　　李志豪写有一封回覆 005 号信的"误会函"，余光裕认为她在信中讽刺自己吹捧太过、轻浮急躁。气愤之下余光裕写下了篇幅极长、言辞犀利、多愁善感的回信。信中以散文笔触抒发大段感慨，从秋天的景色联想到人心难测、命运不公。又举西方男女当街亲吻的例子，向李志豪澄清前信中热烈的情感表达并非是他轻浮粗鲁，希望志豪不要误会。余光裕为李志豪误会他品性虚伪浪荡感到气愤，辩解自己不是被上海灯红酒绿腐化的登徒子，而是个无用的青年，担不起志豪的赞美。又说李志豪是头脑清醒的"新女性"，不用害怕男子的虚伪奸猾。

　　秋天本来是被一般诗人认为气候最清爽，明月又特别清朗皎洁，而带有诗意的最好季节，可是最近的初秋却偏被一般人在隐地里唠叨唾骂，更有那些自命为文学的诗人者流竟也会趋炎附势，起而攻击，用尖利的笔杆描写出这秋虎的残暴如何的使人憎厌和可怕。啊！在未入深秋的现在，它毕竟被许多人用［这］样势利的眼光憎厌着，这不识事【时】务的热闷和愁人的秋雨！我很担心这只秋虎是否会因众人的憎恨唾骂而动怒呀！也许它正忍耐的静待着，不只那受人宠幸的日子是快要降临的，清朗凉爽的气候，纯洁圆皓的月亮照在青翠的山上、辽阔的海边、浓密的树林里、幽静的四郊——整个的世界到处映成一副自然的美的画面。现在它仍为以前曾经唾骂过的人欢迎，那些好感赞美而含些诗意的文字，又出现于势利诗人的一枝生动的笔尖下。

　　中秋的月儿比往常特别来得皎白皓圆，使人们格外的好感，可是它却不能每日受人们的赞赏甚至和欢迎,因为大家都觉得它太会幻变,使人们也都觉得它纯洁的皓圆、温柔的光度使每个人的心坎上都嵌上了非常的好感,可惜它不能每日使人赞赏,因为它太会变幻了,它的因体、它的外形每日在变迁缩小,以至于消灭。我们有时明明算到它会在今晚圆圆的高挂着,可以欣赏一下吧,但是突然会被一阵密布的怒云遮盖住,使它避而不见,给予诚挚的赞赏者一种意外的失望,只觉得这黑云的残酷无情和它的幻变莫测相反地一样的使人可怕。有人以为月亮的行踪虽善变幻,但总没有像人那样的狡猾奸诈,因为它的笨拙而我们可以拿日子来断定它某日由全圆、偏圆、半圆、弓形、眉形,以至消灭,这种预料不但准确,而且永远如此,不像人心的难以捉摸变政那险恶人心的变变真是使人无从捉摸的。

月亮谈得久了好像觉得森凛了阴寒似的,有点可憾起来,所以我只得拿太阳来调剂一下这阴寒的气氛吧! 赤炎炎的红日照遍大地,地上蒸发出熏人的热浪,人行在路上,上下夹攻着,虽不致昏晕,也便会感到不舒服。不过我很明了,它不是特意的暴露出狰狞凶残的面目来威胁我们,更不会持着它的"可怕的权力"和"苛刻的条理"来阻止我们的行踪。因为它并没有像一般人那样具有曲折的头脑,所以我绝对信任它,敬爱它。它以诚笃的态度,一贯往昔的初衷,每日早出晚归,为了世界上的一切生灵和万物服务,使它每日为造福一切而奔忙,它惠降人类以及世界的一切的恩赐是多么底伟大和宝贵,要是没有它,这个世界的一切不是立刻就会毁没吗? 它是为大家所最殷切需要的,同时也为大家所最随便利用的,但我倒深为它惋惜慨叹,为什么世上的人偏在利用它之余,还要那般的曲意诅咒它的残忍呢? 有钱的人在夏天可以不出门,住在庞大的大厦中开着电风扇,或是有着冷气设备的话,更可使炎夏一变而为寒冬,在家里听听无线电,谈谈山海经,当然是多么的逍遥自在啊! 他们是这世上的另外一个桃源，像我这样的穷小子就不同了，正如你所说那样，不得不在"不留情的太阳光之下"赶着去办事，否则准会饿肚而变成为失业的流浪者呢。可不是吗？本来只配在饥饿线上挣扎着的！不过我不感到"天是如此的专制"，因为它实在■■那些过份排斥的劣点，我的所以弄成这个地步，惟有以"宿命论"来判断吧！

　　疑惑和误会往往容易使人闹出笑话，不是不幸的事件来，我相信多数的事情是主观的。比方说他们是将某些事以另一种脑子、另一种体味来观察这事的成份，同样也许我却完[全]与他们的观念相反。例如西洋人的男女在人烟稠密的路上遇到了多时不见的挚友，正因他们以前是很要好的缘故吧，在邂逅的相遇里少不得要接上一个吻来表示他们重逢的亲暱的愉快。这在外国本来是司空见惯的事，不足认为希罕的，可是假使将这种表示移到中国来，那不就要闹出笑话吗？在途上的旁观者的心目中不是要说他们是对不知羞涩的轻狂举动吗？这种情形我们一方面可以说是"少见多怪"，而一方则是主观的在这里猜想，他们接吻的时候以为是最平淡的一件事呢！就是文字也是各抱主观的见解，记得我的朋友他写过一封信，给他朋友的信，因听说她的举动和文学都使他非常的钦佩和景仰，由这种心理的驱驶，所以他毫不思索的随便写上几句流露着敬慕和一些情感的语意，想表示"朋友"应有的亲切，不过他也并不视为这几[句]话是会过份的，反正是很平淡的吧。可是在对方的主观下却说他这些言辞是盲目求爱、轻浮、粗鲁的举动（说引诱也好）。他竟被误会而遭受人的轻视，这可使他多么伤心而难受呢！他更说恨不得将那些一时为自己想不到的言辞收回，而且不像说话的可以收回它。好在幸恢【亏】他还有其他的几个朋友，我叫他在写信的时候当心一些就是了，多余的怅惘有什么用呢？我们要驱逐"疑心"的缺陷，不容许它附寄在健全人的身体上，更要明白"误会是能致人不幸的"，国际间因"误会"而战争、灭亡,家庭间因"误会"而分裂崩溃,友谊因"误会"而冷淡——绝交啊! 可怕的"误会"竟带来了这许多的不幸的事件,它是一个可恶的魔鬼,我们应该要避免它,让那"了解剖白"来做我们的朋友。

你的信上的一大篇谈"交朋"的宏论使我非[常]佩服,以我这种头脑简单、知识肤陋、理智幼稚的人,能得到了你那样有经验的宏谈,使头脑因警惕而清楚了不少。我很感谢你坦白的指教,把茅塞豁然为之一开。为了我不大善于交际的缘故,所以朋友也甚少,就是现在所有的几个朋友,他们脾气也与我仿佛,不致于会到那些"舞场""歌乐场"和"卖淫处"去找寻着刺激,来借着"应酬朋友"的晃【幌】子而去陶醉的。上海虽到处是陷阱,但我住的地方却离陷阱还很远,这使您不大会相信吧! 老实的对你说吧,环境和经济都是不容许这个时代的落伍者去尝试(或享受)灯红酒绿的滋味的,他只有永远配做那静僻地方的一个蠢愚的青年。~~反转来说~~,有人或者会怀疑恶劣的气氛也许早已熏陶得他幻化成一个轻浮姣【狡】滑、油头粉脸、偷香窃肉的坏蛋。啊! 真奇怪,想不到他在短短的时间中竟变得同闪电似的那么快,在三个月以前他不是一个安分守己、诚笃从业的人吗? 莫非在~~做梦吗? 我的理智愈呈着恍惚也格外无法证明这是梦话或是随便诬蔑? 后来又隐隐约约的听~~

可是他为何竟变得这般厉害? 我的神志也浮起了恍惚如梦的猜惑,一股神秘难测的幻想萦绕住我的脑海! 要不然他已成为被随便故意诬蔑的可怜懦弱者? 也许我们就是神经过敏者?

我不禁默默又起了一种感慨:世上的男子的心虽阴谋得可怕,但这句"人言可畏"的话比他要更可怕得多哩!

对不起! 恕我不能领受您那种善意的喻扬,来称赞我成为最伟大的人物。一个"患有贫血气馁的人,颓废志愿,鲁钝头脑,下流卑劣底人格,懦弱的思想,落伍的无用青年,真可说大可怕的鲁莽汉",像这种为社会蠹所唾弃的人，他怎敢轻易的默认他的要好朋友的过分谬赞呢？虽然他明知她是好意地为他粉刷，但他固执的个性，向来是抱着一颗自卑的心理，以轻己尊人的态度诚恳地来对待他任何的一个朋友，他决不会因此而"受宠若惊"似的自傲吧？一个泡球气打入得太足了准会暴裂，树爬得太高不慎跌垂下来也格外容易死，各种恐怖的憧憬盘旋在他的眼前，使他的神志愈显得恍惚迷离，空气更觉得紧张混浊，今晚他因此而失眠。

"笑"是俾益身体的。你为了我认你做导师而太觉可笑，但我何尝不为了你的认我先生而更在太可笑呢？我笑我自己有什么资格可以配做这个天智超群、思想优越的学生所谬认的先生吗？突然会有一阵"怪笑"发从我心灵的深处，忍不住呵呵的脱口大笑，它震荡了屋内整个死静而灰暗的空气，恢复着原有愉快安宁的气象。我愿大家时刻浸在笑的涡漩中，让我们永远为笑的幽默而神往！

我很诚挚的祝福你，预料你的未来的前途一定是灿烂的光明，凭你具有着那种坚毅、勇敢，经验丰富，人情练达，胸有成竹，兼世事了解的女子，不难得到美满的理想。一个懂得"朋友"真谛而又能澈【彻】底看破男子多是阴心理的女子，她怎会被这般浮滑子弟用阴谋的手腕或特殊的地位所能引诱得动？反正以她的男儿气概——巾帼英雄，正可以用别特的方法、同样的手腕去应敷【付】这些可怕且阴险的男子。现在他们不是早已只有配做现代新女性的一种试验品吗？这是要归咎男的心也许实在太残忍了些呀的缘故，所以才会有今日被列入试验品中的一个"物极必反"的明证，让他也尝试一下这"因果报复"的滋味！

你切莫惶恐请你别以为男子是的可怕，他们一样有五官心脏的人，用不到过分的惶恐和害怕。因为你已具有上述各种优越的理智了，那"杞人忧天"的过虑尽是多余的。"不过除了你以外"这句话承蒙你看得起,不把我列入他们的中间。这诚使我非常的感激,但是我以为你也没有什么特别明证能证明我到底是那流底的人物。所以对于这句"不过除了你以外"的话觉得有点不太妥当,你想对吗? 你叫我放正目光去找一位知己的朋友,谢谢你的指教。在事业尚无把握、理智又十分脆弱的我,是不定需要异性的知己者,我更不愿意像我这样性情暴戾的人去使别人伤心,我唯一的希望是我的最普通而最纯洁无偏的朋友不要像孩子气的无故淡忘! 更盼祈在空暇的时间或是境地迁移各人远涉他乡——天南地北时候,仍能够维持着原来的友谊,以信札书雁来通提各人的行踪,各人的音讯,那才不愧是真正最纯洁而最普通的朋友!

　　此件为草稿,前后 3 页,书写工具由铅笔换至钢笔,多处涂改增删。

008. 夏懋修致余光裕(1944 年 9 月 11 日)

9 月 10 日余光裕拜访夏懋修,并出示李志豪的"误会函"询问是否有讽刺他轻浮之意。第二天夏懋修覆信,认为李志豪只是担心余光裕的追求过于急躁,劝余光裕冷静下来真诚地与李志豪交谈,不要相互讽刺或恭维。

光裕:

昨天匆匆未及畅谈,不胜抱疲。承你以李小姐的信见示,看后并不像你所说那么严重。这信似乎太冗长了些,反而使主要的意志弄乱了,也许我看时太匆促,好像捉摸不稳,在措辞方面或许是有一点点讽刺在里面,不过这想来原本是好意。或由于你闪电攻势的缘故,对方为了要踏稳步起见,不得不采取森密的阵地战。的确在高喊男女平等的现时代,但比较起来总还是女子要逊色些,"一失足成千古恨"自足使人警惕,像李小姐那么看得到交朋友的形形色色,而不时在精密的考虑,是实得称许的。你先得明白人心不能像颜面一样,一碰头就能很却【确】实的看得很明白,尤其是交异性朋友的时候更不免粉饰,像如此的棒喝,适足使人猛醒。当时我已离福民,处于一般血气方刚的青年之中,一切处事全出于意气,感情克制了理智,虽然你的覆信我没有看到,但依据你自己所说的,事后也觉得有些太过分,所以过火大概是一定的了。本来呢,高尚的友谊不一定是要巧言令饰,为了表白各人的主见,言语一时说得过头了些也并不会有碍的,上好的钢是须经百炼,超然的感情决不会平顺的造成,多一次挫折,更可增进情谊,希望你们以后不论交谈、通信,大可不必恭维得过分、讽刺得难忍,因为这些决不是表示真正感情的好方法。非到无可救药的时候来一下杀手锏,千万不可先把自己投入了河,再设法把人拉下水。青年人能干事情,是由于一股朝气,勇往直前,不深思远虑,但毕竟有时是会碰到了壁。你生性刚愎一些,能和谨慎、小心翼翼的人交朋友,正可以裁长补短,大可不必受了一时旁人的鼓励,大兴问罪之师。现社会正多一批夹岸观火的人,看人家闹架作为娱乐。一切当凭着深切的意味,详加思考。我正像吴王夫差对勾践说"吾以一饭长于汝",年龄稍长于你,凭了我的见解毫不客气的说了些,愿你去回味吧!以后一切行事多加理智去分析。现在想来你的气已平了许多,还望你们继续交朋友下去,因为如此于二方面都有补益的。我近来为着我自己的事业在着忙,心境不能宁静下来,从笔写来不免不大周到。夜已深了,在嚣扰的城市中过活,此刻真才清凉了些,脑中不免浮泛出王维的描写夜的妙文来,手头没有书,凭着印象写了出来,愿你也可以欣赏静的趣味:"北【比】陟【涉】玄壩【灞】,清月映郭。夜登华子冈,辋【辋】水沦涟,与月上下。寒山远火,明灭林外。深巷寒犬,吠声如豹。村现【墟】夜春,复与疏钟相闻【间】。"①此境澹宕凄清,真文中之至也,闲时多用些工夫体味清静的乐趣,倒可回肠荡气,沁人肺腑,真不亚于暑天的一杯冰薄荷水呢!能把浮澡【躁】之气逐渐廓清,愿你试试,个中情趣,呈不足为外人道也。

楸

十一日晚十时

厂中我尚有蚊帐一顶,托润民洗,至今尚未带下,盼设法催促,以便了此一篇账。厂中友好盼转望问好。

楸再笔

信纸页眉印有"实验报告 LABORATORY REPORT",并有光明厂徽记。

---

① 编者注:括号内据《王维集校注》(中华书局,1997 年)订正。

009. 余光裕致余吕氏(1944 年 9 月 14 日)

9月12日福民公司因电力与燃煤限制而停产奶粉。余光裕趁机向公司请假两周,实则进入陈尔镳、刘梓庚的志成贸易公司任职,计划待新事业稳定后再向福民辞职。余光裕将此事写信告知母亲。

母亲大人膝下:

敬禀者。日久未奉慈训,殊深孺慕,恭维礼躬清泰,诸凡顺祥,为切切。儿任职之福民乳品公司,因受电力及燃煤之影响,致制造厂已于本月十二日停顿,一部份职工亦已解散,唯总管理处及牧场方面职工则并不解雇。儿之事务系属牧场部份,故不在解雇圈内,但此后之奶粉事业颇有奄奄不振一落千丈之势。儿虽被公司重用挽留,但视情形如久居下去,非但公司前途无甚希望,即儿个人前程亦将葬送于斯茫茫之过程中矣。经友人之介绍暂入志成贸易公司任职,业于今日到店。不过此事福民方面儿系向经理请假二星期,瞒说家有要事来信嘱我即刻返里,并不辞职,他们亦不知儿进志成公司。因感处此公司人手缺少之际,如提出辞职,当局决不容准,必挽陈先生向儿说情,强留反而进退维谷。今儿骗说返家待三四星期后,再向福民辞职,则事情既较妥当,而核准亦有把握矣。上述各节关及整个前途,故不得不如此耳。未悉母亲鉴后以为何如?致【至】于志成公司之待遇及希望,必较福民优好,现系初进,情形尚未熟悉,其薪水究竟若干,刻亦不得而知,容稍缓当行详细奉闻也。今载儿时罹小病,身体十分羸弱,恐有肺病之虑,因时有咳嗽,想非好现象也。时值秋冬,寒温失常,乞格外珍摄玉躬,为祷。敬颂

福安

儿光裕叩上

中华民国卅三年九月十四日

此信纸页眉印有"上海志成贸易公司",页脚印有地址"办事处南无锡路仁德里四号"。

010. 余吕氏致余光裕（1944 年 9 月 19 日）

　　母亲余吕氏得知余光裕因福民前途渺茫而转投志成，回复此信希望他回凌湖乡下物色定亲、打理田事。吕氏与乡邻吵架深感受辱，强烈要求余光裕回乡替她出气撑腰，并在信中斥责余光裕不孝，称如年内不回家，便亲赴上海找陈先生代为辞职。吕氏还嘱咐光裕不要招待去上海的凌湖乡邻。吕氏不识字，此信系托吕家埠亲戚代写。

光裕吾儿入目：

　　今日接到平信及快信各一，已收，再汇归储币三千元，均照收到，勿念。余因汝屡不见归，实不愿再函顾问耳，今又见汝札，知因福民所入數，致难转里为诱。余念汝年长，应宜物色定亲。我愿汝回者，有三：一、为汝年长，急于托人物色，而不在于汝携钱而归也；二、我因受人侮辱，已尽消我平素所受之亏；三、为田事及家务等等，应烦酌之。故汝不[念]余依间在望，汝何作有孝道之行也？我为汝非【费】尽心血，望汝长大成人，汝亦不念劬劳乎？使我心痛断肠，向何人可诉乎？终之，我不愿再屡函催促汝回，以一信了之，否则我自行来申，与陈先生面倾耳。汝既无钱赚，何不恋申，可回耕种，汝不愿回里者，足见汝所得进益，尽度自耀。我知汝既无钱赚，又不见归，维有我来申，向陈先生面辞其职耳。查汝自古历五月初带归 4 千元，及今 3 千元，共计 7 千元，或望汝归，我当全数与之，以脱母子之心，以了心愿。故我再后预告，今年或愿回来，即见信动身，或不愿回来，即望速告。但不知汝愿我亲来上海乎？我定于春花下种来申，否则汝愿归家，望速告，免我行期于左耳，是为切嘱，切嘱。

母谕

九月十九

　　我前多病,今已愈,因恐汝念,故不愿告。乡间米价新币 1 万元,霉豆 7 千元。我受人侮辱,汝置我作旁观,汝不回,岂不使人笑? 我何面目在世,实自愿碰死,奈忆汝弟年幼,无人抚养,故暂息气。汝万一不愿回家,则我亲自来申,并已探知陈先生住宅,当面告一切。万一或途中难行,我当函致陈先生诉以一切,以解我平素之气耳。我如不来申,如有凌湖我家前后邻居来申,望勿招待,请注意。田中无人料理,我以一亩半掉人工,一年做五十工,要知这一亩半田中之生产有三作已极可观,约算之,可获霉豆老斗 15 斗,现市价计市斗每石 7 万元。我招汝回,亦为商酌家务,及为汝年长应配,别无所恨,所恨者因汝不回故耳。望汝念我在念,毋作速归期,以慰我之远虑也。

011. 夏懋修致余光裕（1944 年 9 月 21 日）

　　9 月 20 日余光裕再次登门拜访夏懋修，感谢他的 008 号信使余光裕与李志豪之间误会消除，并与他谈论福民公司的缺陷和志成公司的前途。次日夏懋修回信，约定以后少谈福民的人事，建议余光裕请假期满向福民提辞职时不要撕破脸皮。夏懋修筹备的天赐药厂已经确定股东，正在寻找厂址。

光裕老弟：

　　我真欣慰，借了我上次的信，使你们把误会消除了，这不能说我的信有相当的神力，其实二人心中都有些悔了，顺水推舟，自然是便利了不少，希望你们日后以诚相待，免得多生烦恼。昨天承你驾临舍间谈心，不胜欣喜，不过谈的大部都是福民的缺陷，有点使我厌烦。我既已脱离此厂，局内之事真可不必再去用心，反正他们是"江山易改，本性难移"，生来是如此奸刁恶毒，靠几个职员的反感，决不会有动乎中的。世界上原本是有良莠不齐的，又何苦来呢！所以希望以后我们先约定"少谈福民"，年青的人该顾虑着自己的前程，人家的短长还是少费心计的好。你现任的事我非常赞同，志同道合，办事自然要有兴趣得多，何况又有张先生在一起，人情世故上正可向他请益。我记得小时候在广场上看卖解的，敲了锣聚集了人，一开口就是说着"在家靠父母，出门靠朋友……"，这虽是太俗吧，但倒有些味儿。常言道独木不成材，在现社会中总需要朋友相互的协助，方才能够应付。为的是风浪太险恶，单薄的小舟是经不起颠簸的。听说你请假已将满期，预备去辞职，我总希望不要太意气，能和和气气不红了脸的跑出。最好表面上总还真是朋友，至于不再希望这几位仁兄提携，那是心照不宣的事。若是凭了一股火气,对一方攻击而使彼方快意,似乎大可不必,唯尔三思。我近来自己也不知道忙的什么,虽然已有二处兼职,大多还是闲得很,忙的怕倒是筹划想自己干些自己办的事,免得再去仰人鼻息,取些吃不饱饿不死的薪金。不过单独力量有所不及,在凑几个志同道合的,直到如今才真股东方面确定了,但为了电、厂址还得奔忙一下,幸而年尚轻,多走些路,多出些汗,还莫【算】不了一回事,以后有机会还得你们帮忙呢! 今天回家比较早一些,需要发出的信很多,趁便也涂些给你,可是心近来宁静不下来,幸而大家熟悉,决不会怪我老气横秋,语无伦次的呵! 只是此刻精神不济,睡眼模糊,涂改之处较多,使你看时增加不少厌烦,这该向你道歉的。

梀
廿一晚

此信与 008 号信使用同种信纸。

012. 李志豪致余光裕(1944 年 9 月 24 日)

余光裕与志成公司同事坐火车去南京跑业务,返回上海后,李志豪写信慰问,祝福光裕的事业飞黄腾达。她还为之前的误会向光裕道歉,约定以后不再提起这两封"误会函"。

光裕:

我就老实不客气地你底大名加于称呼了,你会不会说我不懂礼貌,像上次如的误会、怨恨、垂【唾】骂,会吗? 我想你是不会的。因你能够测解世事,扫破误会。唉! 不错,像上次的一时误会真非小事啊! 会好真算双方面能了解说明,否则皆蒙在鼓里呢! 可是事已过,我们不必再提起,只当毋有此函存在。总而言之,是我的不如,没有我此函,只么会引起你误会一函呢? 故所以我在此向你抱歉抱歉,请你原谅我年幼无知。

由京返申,路上一定受了不少的痛苦啊! 尤其是火车挤轧使你们身体疲乏,真如你说的像病人模样。不错,现在票子真难购,黑市也难买,此次返申你们真灵机,托了日人购得票子,否则你们仍在拥挤票子呢! 所以现在出门,真是痛苦讨厌啊! 但是这次出门,你们是为了前途伟大,担点微小痛苦不算什么。俗语说得好:"吃得苦中苦,方为人上人。"是吗?

我恭祝你们组织此伟大志成贸易公司,范围一天扩充一天,事业一日一日地腾达,而你们志向永远前进,然后达到你们光明的日子了,对吗?

你旅行一次京,身体觉得疲倦了,现在到申应该休养休养(除了办公时间)。本来我想打电话给你,因我不能出外,自那晚和你分别后,翌日起身身体觉得不舒服,一直至今,双足软弱不能走,故电话也未曾给你,只好草草地涂了一函给你。再者我还要声明一下,请你以后电话不要打来,因 30 号阎家他们不肯接任何一家,大概是怕麻烦缘故,只能等我身体痊愈,我再打电话给你好吗? 请你静静地休息休息吧! 看看小说以解烦闷。余言面谈吧!

　　敬请

　近安

　　　　　　　　　　　　　　　　　　志豪手书

　　　　　　　　　　　　　　　　九、廿四、晨七

此信为钢笔书写,字迹工整隽秀,使用 002 号信同种印花信纸。

013. 夏懋修致余光裕(1944 年 10 月 2 日)

　　9 月底志成贸易公司倒闭瓦解。夏懋修评价陈尔镳办事太粗,劝余光裕忍一时之气,暂回福民公司继续任职。夏懋修的天赐药厂已购好原料,请余光裕帮忙介绍厂屋。另外提到福民人事变动、借文凭给管克非、催润民还钱、欲购买骆驼绒长衫等事。

光裕老弟大鉴:

　　奉读来札,悉志成瓦解,不胜扼腕。尔镳办事太粗,实难为之解释,余曩时亦曾托代转言前次购牛受磋,以后更宜谨慎,免为他人耻笑,而今复遭故辙,殊深浩叹。尔幸尚未脱离福民,权且暂栖,适此高生活下,自不可因噎废食,愿容一时之气,他日自能得展。昨日下午途遇梓庚兄约略谈谈,愚日来迫于生活,终日奔忙,运输公司方面上月仅去四次,月终送薪一万八千元,尚一再问询嫌少否,使余汗颜,食人之禄而无事可做,实亦有愧于心。此外东奔西走,做些买卖,获利尚多!故一月来除去开销,昨夜核算有六万元盈余,较之在福民有天壤之别,塞翁失马安知祸福。药厂事现款已筹集,原料大半已购进,唯适当之厂屋至今无着,如弟有相当之厂屋不妨介绍,厂屋须三四间,须有水电(电最好须有百度,如无电而有空地方装木柴引擎亦可),如开办有期,当另再通知,如须弟协助处,自不必赘言,定可代为设法。

　　关海弟来信已阅过,近闻福民人事复有极大变动,余亦不敢作着何批评,且冷眼旁观,视其成败。克非兄可曾返厂?文凭需用否?昨日午后润民来舍,身穿绸短衫裤,据称衣带被划破,钱已失落,且感寒冷,向余告借长衫一件,洋三百元,余当时无长衫,仅借伊三百元,言明今日饬人送还,而毫无音信,余亦不知此君近况如何,盼转询杜兄,伊寓居于何处? 如以诈术向人乞借,恐有损家声,虽余为数极少,不还亦无所谓,但恐伊年轻,不该如此行事,当宜训斥,否则将不堪设想矣!

　　前余在厂时,尔曾欲将骆绒长衫售去,未知而今仍愿出让否? 如有意,盼将价目见告,余愿购进,但不必勉强。有间当望时来舍谈谈,以解劳结。专此奉覆,顺颂

　　近安

夏懋修寄
十月二日晚

克非、关海、宾孙、聘三诸兄,均此。

014. 李志豪致余光裕(1944 年 10 月 2 日)

余光裕写信称福民公司不同意他辞职另就,并问候志豪的健康和读书近况。李志豪写信回复,支持他回到福民,慢慢等待机会。

光裕:

你底主意是不错。青年人处于现在的社会,该应退让一步,然后慢慢地再设法,想出一种顾到前后左右妥当的办法,不欲使双面情感破坏。假如反了面,是不易收回来的。俗语说:钱面情短,人面情是长的。现在他们既然挽留你,你也就忍耐地接受吧! 慢慢地等着侥幸机会来,你可以提出你底满充理由,那时他们是不会控制你了。你以为是吗?

我底软弱的身体谢谢你记挂,使我感激不尽,谢谢谢谢。现在我完全复原了,但是你近来伤风可好? 应该早点用良药治好。因最近底气候转变非常地快,你身体要加外地留心,饮食更要注意,因病从口入,你说对吗?

至于到图书馆去借书,近来天气寒凉,我在给绒线衣,故没有空暇之间看书,谢谢你底好意,为我增识着想。

十月十日是我们中国武昌起义的一天,也即是国庆日,你可有空吗? 我们应要庆祝它一下。有空请覆函给我。

志豪手书

十、二、晚九时灯下

此信使用 002 号信同种印花信纸。

015. 蒋耕声致余光裕(1944 年 10 月 4 日)

蒋耕声是余光裕在志成公司的会计同事,志成公司解散后余光裕曾给蒋耕声写信联络感情。蒋耕声写信回复,评价志成公司从事投机事业,而非正式的实业,员工意志散漫,不利于职业青年的进步。还表达了自己助人为乐的人生信条,希望日后与余光裕真诚交往、批评互助,继续发展友谊。

光裕兄:

你的来信,我已经收到了,本当次日作覆,奈因近日时届中秋,账务较忙,二三天终日在数目字中讨生活,正是弄得头晕脑胀,所以我也懒得动笔,谅你不致于说我因分离而疏远了吧!

在半月以前,你我还是一对互不相识的朋友,但在半月以后的今天,好像已经谈得很知己了,这虽一半由于机会的凑合,但一半也是我俩各自坦白诚恳的缘故,所以感情有这样的神速。但仅仅数天短短的相聚,随后到来的又是分离的降临,分离是最使人扫兴的,同时还能使人感到痛苦,但我的思想并不如此,我觉得世上没有不散的筵席,所差的仅时间的短长而已,假使没有痛苦的分离,决没有真正快乐的相逢,所以与其说分离是痛苦的,倒不如说分离是快乐的开始来得达观些。人生相聚得太久了,还不如暂住分离一下,倒很够使人回味的。

你所称赞我的话,我是一句都不敢接受,只有因此而感到万分的自愧和不安,希望你仔细的考虑一下,你所被称赞的人是否值得你的敬佩。因为我俩虽是初交,但是我们都以坦白诚实来彼此了解,今日的感情也是这样造成的,假使照你这样客套的话,那末我可确定以后决没良好的感情,所有的只是虚伪。我认为一个真正的友谊必须建筑在互相指导、批评、鼓励上面,绝对摒除不必要的虚伪客套,这也就是你所说的"假面具",它可阻碍真正友谊的发展,希望你以后把它淘汰掉才是。

批评、指导、鼓励都是友谊互助的一种,在我的卧室之中高挂着五【六】个最注目的字,就是"助人即是助己",这一句话是我的友人王君送给我的,我永久把它记在心里,随时随地尽我力量所及帮助他人。同时我很希望转送给我每一个知己的朋友,假使你认为这是有意义的话,请你也这样的去帮助你所知交的人。因为一个人处在集团的人类之中,很不容易发觉每一个人都在间接的互相助人及自助的循环作用,因为这唯一的互助精神往往被金钱所蒙蔽了,好像只要有金钱什么都可随手而得,其实事情并不这样简单,金钱不过是一种媒介物,假使一个人处身在荒岛上时,那就感觉金钱还不如泥土,因为泥土还可生殖五谷,金钱在那时则一无所用。同时四周的环境迫你去为衣食住行而工作,假使不工作的话那就不能生活,那时你就感到自己个人的力量单薄,必须共同的力量来抵御自然界一切的困难,一人的享福就是增加别人的痛苦,所以一个人须要互助,单独生活是不能存在的,这就是人类互助的基本原理。所以我对待每一个人都如此的做去,虽然所得到结果未必能照我理想的美满,但我心理【里】得到的快乐是很可自慰的。

话恐怕说得太多了,未免有些啰嗦,何况所说的又是些刻板的定律,想你看得也头痛了,所以现在还是来谈谈现实问题吧!

志成的解散,想你也早知道吧,但这事好像在我意料之中的,因为他们的意志太散漫,毫无中心的目的,所以容易遭到失败。记得前些日子我也曾经与你谈起过,我说一个正式的实业和投机性的事业是完全不同的,因为投机的事业没有远大的计划和基础,只事【是】趋于近利,利之所在无所不投,若万一投中,则可几倍于他的资本,所以平常日子只是空闲无事,专等机会的来临。所以做这种事的职员们就无形的造成游手好闲,一辈好的职员因为了生活的关系,不得不维持他的乏味生活,但一辈意志薄弱的人,就很容易投身于歌声舞榭之中,以解生活的枯寂,但一个好好的身心就因此而堕落,以至不能自拔,这都是这种投机性的事业所造成的恶果,不知有多少的职业青年被损害掉。回顾今日的上海除了这种营业之外还可做些什么? 这也可说是战争时期的一种特殊状态,幸你早日脱离,否则对于你也是利少害多的,这倒我很为你庆幸的。

我所要说的话太多了,一时也恐怕说不完,还是留些将来再谈吧! 上面所写的,我自己知道有许多错误的地方,如文不达意的不通顺,别字的许多和冒失等,因为我写信是最不喜欢打草稿的,有话便提笔直写,毫不思索,这样我以为很自由,其实我知道是错误的,但一时很不容易把它改过来,所以这信有不良的地方,还要请你指正和原谅,这是我要向你声明的。假使你当我一个老朋友看待的话,一定有许多批评和指正的话,要向我提出的,现在我等待着!

祝你健康

弟耕声鞠躬

九月四日写于晚上

此信日期署 9 月 4 日,但信中提到"近日时届中秋",故推测为 10 月 4 日之误写。

016. 余光裕致李志豪

　　10月，上海物价飞涨，余光裕的生活变得朴素拮据。他给李志豪写信追忆四个月前在福民牧场初次相识的情景，还附寄照片以表思念。李志豪曾打算去常熟找工作，余光裕不赞成她远行，仍希望她留在上海。

　　最近几天整个上海充满了浑浊惊险的气氛，物价的飞涨的确有点使人难以相信，骇人听闻的米价竟会像闪电般的直线暴腾，除了暴发户外，每个人的心田都燃起了无穷的惶兀和不安。处在这样恶劣的环境中，以后的生活真使人不敢再往下想去啊！这个世界将要变成如何的局面啊！在数目字中讨生活的我，被这两天的澎湃怒涛似的风声，弄得神志恍惚迷离，觉得像大海中的一只小舟，是经不起这样来势凶勇【汹涌】的猛浪啊。有时虽然我现在还没有什么负担，在上海用不着这般担忧，可是这种恶劣的气氛于我的前途总至少是有几分不利的，因为它像障碍进展的荆棘，使寡独的行路者很感到困难，所以我近日的心境不愉快。不过在极度的抑闷下，有时又会萌生一种另外相反的感叹来加以自慰。我觉得环境虽愈是恶化，它也正是给予我们年青人磨折锻炼的一个最好机会，只要用我们坚定的理智忍耐的静待着，这个期也许不久就会过去。天要在将微曦之前是最黑暗的，最是可怕，但过了这短足【促】的黑暗，也就是曙光的降临。反正恶劣的环境它仅能改变我们的外形，而绝不能使我完整洁白的心也因此而更变。现实的生活好像在告诉我们应该节衣宿【缩】食，不得不从速摆脱掉虚伪的观念，实践着朴实方针，故我的衣着是因而趋于陈旧朴素，我的饮食得不到充分四周的营养不足而致身体孱弱我的面,使脸色憔瘦。其他都得趋于实际,当然再无从谈到奢侈啦。你瞧我最[近]摄的画影,不是较去年消瘦得多了吗?这固然可说是环境及心境方面的关系而由以致之,同时至此便更能明白,那环境的恶劣至多只能致变更我生活的外形和身体的外表,但那颗纯洁不偏的心仍是好好儿的藏在我身体的深处,那些秽浊的气氛或尘灰是不易玷污的,它始终是贯一的目的,决不因此会更动一些原来的地位。由于这一点小小的自慰,所以又会发出一阵会心的微笑,并同时在抑郁中振奋起来,觉得我后面辽长的道路正待我的跨步出发,慢慢的赶程前进呢!豪,这样的自慰自解,你以为对吗?

　　回忆是很够人留味的,在雨声漓漓的节奏中,我的脑海中,于静睡在床上时,开始启了像电影一幕幕的幕序,追忆到过去,憧憬到未来,一幕一幕的映现着。四个月前我和你还是对彼此互不相识,可是时至四个月的今天,好像已经谈得很知己了。这一半虽由于机会的凑合,但一半也是我俩各自坦白诚恳的缘故,所以情感有这样的神速。你我在牧场的时候,每日朝夕可以相见,有时还在早晨漫步于海格路底浓密树荫下,随便的闲谈着,但仅仅数天短短的相聚,随后到来的又是分离的降临。有人以为分离是最使人扫兴的,同时也还能使人受到时刻牵念的痛苦,但我觉得世上没有不散的筵席,所差的仅时间的短长而已,假如没有痛苦的分离,便没有真正快乐的相逢,所以与其说分离是痛苦的,不如说分离是快乐的开始,来得透彻些。并且我们不是天南地北的分离,好在是随时可以会晤的。豪,你觉得温馨的回味,会不会引起诗意的神往?

　　在办事的时候或是空下来的时候,我底心目中不时的要浮现着你的影子,使我因缅念而会不期然的取出你的照片来,再三的瞻阅,借消释驰思的寂闷。不过起初我不大明白这个时刻牵记的理由,但是现在我完全了解,原来它的里已经有了个"?"字的成份了啊!

　　此后我们的友谊更应建筑在互相的指导、批评、鼓励和互助上面，绝对可摒除不必要的谦虚客套，因为它足能阻碍真正友谊的发展。希望以后把它淘汰掉才是。

　　那天承你告诉我要到常熟去的事，当时我很不赞成这样远出，不过几天以来，我倒很关心着你，最好是在上海有一个相当的机会。我曾在我的挚友的面前一度说起过，同时我也早很赞成你底有实际而不尚虚伪的思想，因为与其说整天无聊的闷坐在家里，那倒不如去找一些工作做做有意义。她们不一定都是为了生计而才去工作的！但是你的主见以为如何？最好我们在本星期四能够会晤一次，不知道你有假吗？心里要想说的言语实在写不尽许多，我想留作下次吧。这里顺便得再补充一句（不是客套），就是我这帧照片上的提名问题，我觉得也许太不讲理【礼】貌吧？但是经过一度缜密的考虑，才冒昧简爽地直称底名字，因为这样反而比较有意义，反那些虚伪的称呼是多余的。再会，祝健康。

　　此件为草稿。部分语句从 015 号信中摘抄化用。

017. 夏懋修致余光裕

余光裕把骆驼绒袍转卖给夏懋修,但袍子尺码偏小,夏懋修来信求购多余的驼绒衣料用以改长。天赐药厂招盘,夏懋修请余光裕代询表哥吕光川等友是否有意入股。

光裕吾兄大鉴:

昨谈甚快吾心,复承赐骆驼袍,拜受之余,倍增汗愧。晚间请舍亲代为设计,据称腰身太小,下摆也不大,故须添加驼绒,始可成料。弟前闻兄言及尚有另料,未知可否找得,借使成全璧。如无法寻觅,弟当可向布店添配。叨在挚友,故冒昧直陈,幸勿以贪讨无餍,得陇望蜀笑也。治病药膏便请饬人带下。天赐药厂招盘,此数日内当可解决,光川等如有意,盼代转言,而后再由弟面约。屡劳清神,容后面谢,专此布达,顺颂

大安

弟夏懋修寄

018. 余光裕致李志豪(1945 年 1 月 12 日)

余光裕离开福民公司,投奔夏懋修的天赐药厂,与李志豪分别,见面机会减少。余光裕写信表达爱慕,称赞李志豪像梅花一样不畏严寒地坚持工作。余光裕新年以来与同事蒋耕声、章肇元一起开展"新生活",学会计学、看小说,并向夏懋修请教英文。

豪:

又是好几天不见了,想你定是健康的吧?我俩因了环境和职务上的关系,彼此碰面的机会真是不容易,即使遇到了但无情的时光又偏是那么的短促,使要说的话不能痛快地畅谈,真令人怅惘!

近来天气非常冷,前几天还下了一场大雪,使这哀鸿遍野的世界更显得惨白可怜。当我独自依窗眺望着在空际飘舞的雪花,蓦然间闻到了一阵梅花的幽香,使我久平静着的思潮不断地涌了上来。在这酷寒的风雪里一切的花卉经不起摧残全都枯萎了,只有孤高自赏的梅花不与百花斗妍,而在这严寒里带来了生意,笑靥迎人的点缀着残冬。雪花继续不断的在下着,地面上逐渐的变白起来,我的思潮渐渐的扩大开来了。在我脑中浮起了你的情影来,这影子我真太熟悉,无时不在爱慕,我想见你在不辍的工作着,虽然风雪载道还是早出晚归的继续工作,那种坚忍奋斗的精神不胜教人敬佩。想到这里我脑海里的情影逐渐的模糊了,有一些像你,有一些像梅花,使我也分辨不出来。豪,你真可以比得上梅花。我记得巴金的《雾》里有句咏梅诗,"独抱幽静淡冬雪,更怀高格傲春花",我现在非常诚意的献在你的面前,算是我对你的一点微微的敬意。

在动荡中的现时我们需要更多的忍耐和奋勉,同时需要更多的互励和安慰。讷厂先生说得好,他说:"时光带给我们的终究是光明,是希望,让我们在这样的情绪中说一声'恭贺新禧'……饱食暖衣而满肚装着痛苦,同时蔬食饮水而胸境依然愉快,正因精神另有寄托而忧乐乃能超然物外。"的确,我现在倒也并不因环境的恶劣而过分灰心了。

自新年以来,我开始实行我的新生活,每日七时起床研究二小时会计学,晚上请夏先生教些英文——*News China*,同读的有章君和另外一位蒋先生,趁着余暇再看一些文艺小说。前几天看的书有鲁迅和周作人等做的什文,最近我正在看巴金的名著《爱情的三部曲》,内容倒不错,不知道你有否看过?

夜深了,四下里已不大有人声,只有那寒风带着凄厉的声音在嘶叫着,更使感到如水的夜寒委直有些难支持。手已有些发僵,眼也重重的不肯睁大开来,愿谅我不能再多写些,就此对你轻轻的道声晚安,还希望你多多保重身子。

12/1/33　夜

此信信纸印有"立信会计学校课题用纸(总帐)"、"号数＿＿＿＿ 姓名＿＿＿＿ 第＿＿章＿＿题 通讯处＿＿＿＿ 民国＿＿年＿＿月＿＿日作"、"成绩＿＿ 批卷＿＿月＿＿日　批阅者＿＿＿＿",是一张立信会计学校课题作业所用的空白账目表。

019. 李志豪致余光裕(1945 年 1 月 22 日)

李志豪回信鼓励余光裕继续过"新生活",称工作原因无暇见面,约他在下周休息日接到电话后外出见面。

裕:

当你接着我的信时,你一定在暗忖,写了许多信才接着我底草草一函,只个你要原谅我。因我时间与现所住的地方不相符,有了时间而许多眼目尖锐射着,假如无人但在工作着,所以抽不出一些空暇时间,谅你不为怪我的!

你底大札在星期二接着,意思是太形容了,使我看了内心不知怎底跳动着,此是怕呢? 还是乐欢呢? 我想是应该要乐欢。在现在非常时期底每个青年应欲有埋头苦干精神在,可打破难关而有光明降临。

所谓你底新生活我也很美慕,我希望你永远永远地照此下去实行,不欲半途而废。有此良好机会是极少底,应该欲努力下去,而对于你前程与事业很有关系。

时间真是太无情,一忽儿我俩有又【又有】好几天未曾见面,此大概是我俩工作的关系吧? 使我们少见面虽是少接近,只要我们内心好如常在一块地(比现一种所谓假面具人更挚情),同时我们欲了解深切,同情与互助,假如如此,我们将来更有希望了! 裕,你以为何?

下星期日(廿八日)你可有空? 此日我是休息,假如有空请你静静地等着我底来电吧! 大概我在上午打来电话。假如无空请回覆一函,以免我仰头等着。裕,你出来时请带你所说底《爱情三部曲》,不

欲忘却啊! 敬祝

康健

志豪于晚匆匆一函灯下

1.22

代问候夏先生安好。

此信信纸印有"DEUTSCHES PHARMAKOLOGISCHE INSTITUT SCHANGHAI, 415 BURKILL ROAD", 系白克路 415 号同济医院信笺。

020. 李志豪致余光裕(1945 年 1 月 28 日)

　　1 月 28 日周日,李志豪如约给余光裕打电话,接电话的同事代邀下午去天赐厂见面,又因下雨失约。李志豪写信向余光裕解释原委,并约在除夕前的休息日再打电话邀他伴游。

裕:

　　廿八日十点半底晨时,兴奋的我踱步踱步地往弄口走去,到一家沙法椅借打电话,约你下午出来同我伴游,那知使我失望,原来你处的电话坏了,使双方面的言语听不清楚。后来不知那一位尊姓大名底先生做你的代表,邀我下午到你处,我满口答应来的。好!天不作美下雨啦! 我就不愿出来,因一下雨地上是很潮湿,走路非常讨厌。扫兴地在家看一部新中国的书(译文),即是你现所读的书,内容意思很深刻,就模糊地看了一下半日的书。好易到了傍晚,觉得无事,想起难易常常和你见面,就提起笔杆有劲无力地寥无几儿底涂上几行告诉你我不到的原因。裕! 你会怪我是个失约的人?

　　写此信时间很局促,恐怕你今年再接不着我底信,因为我们休息的时间无一定,若是休假大概总在阴历廿九、三十,两天挑一天休息,此二天是廿九或卅十,你可有空否? 我打电话来大约总在上午,你若听见我的声音知道此天是我的休息。电话里你亦不欲多说话,因为你们的电话使双方面讲话听不清楚,你一听见是我就依着我约你的地方和时间,一点钟正时在大华影院门口等着我好吗? 你接着我信请即速覆函,以免我不知你有空无空。余言面谈,敬祝
精神愉快

志豪上

二十八晚 9 时

021. 余光裕致李志豪(1945 年 1 月 29 日)

因邮局罢工,李志豪的 019 号信延迟一星期才送到。余光裕写信解释道,28 日李志豪打来的电话由同事章肇元帮忙应答并邀请,对李志豪因下雨失约表示遗憾。

豪,是昨日上午吧,我正在遐想着你今天是休假也许会打电话给我的当儿,绿衣的邮差送进一封信来,浅绿的封壳上有着娟秀而熟识的字迹,那时我真像在荒凉酷热的沙漠中旅行的人发现了清凉的泉沅似的喜悦。一口气就将它读完,趁着没事又重复的读了几回,发觉这信矩【距】你寄出的日子已有一个星期了,这自然是邮局罢工而迟延下来,你昨天也就不会接到我的覆信了,谅你一定仰着头在等而感到失望吧? 信上你说会来电话,所以我很注意的静候着,但结果是徒然,今天你来的电话为了听筒不大好,使我一句也听不清楚,后来章先生代我弄好了,才算清楚一些。

你不是答应饭后来厂的吗? 所以我特地到友人处借了好几册小说,预备给你带去看。饭后我依窗眺望着,我的血在沸腾,我的心在强烈的跳动着,可是时光不住的滑过去,却总不见你的倩影。钟已敲了二下,天也少【扫】兴似的扳起了灰色的脸,寒风掠过,随即便濛濛的下起雨来,雨点在淅沥作响,像在诉说着: 你殷切等待着的人儿今天是不会来了。这时我真的有些伤心,拖着疲乏的脚步,懒洋洋的回到坐【座】位里去,可是看书和作事却总是提不起劲来。我倒并不怪你今天失约,所怨的倒是老天太不肯作美,把我们难得聚晤的机会断送了。

近来厂中因须改制别种原料,正在找适当的厂址和修理现居着的旧屋,我们根本没有什么事可做。因此我就利用这机会,多看一些书籍,以补我智识上的缺陷。你要借的《爱情的三部曲》及其他小说,请先趁你有便时打个电话来通知一声,约个地点,那我好送来,或是你到我们这里来,反正夏先生也是很熟的,随便来谈谈也不会妨事的。这几天真没有好心怀,信手写来语不成章,不知你会怨烦吗?

卅四、元、廿九

此件为草稿。

022. 余光裕致李志豪(1945 年 2 月 4 日)

　　临近年关,隔壁打年鼓牵动余光裕的思乡之情,他回信称期待李志豪除夕前来电话。

豪:

　　岁暮大寒,没心怀就想早点睡,隔了几垛墙的院子里,却兴高采烈的打起年鼓来,刺耳的喧声撩起了我的乡心,一晚间就没有好睡。对这行将消逝的岁月,我真不知怎样去安排。感谢你的好意,我准会守着你的来电,破碎了的心原该须人缝补呢! 再会

卅四、二、四

　　此件为草稿。

023. 余光裕致李志豪

余光裕借友人对城市男女交友时浮华虚伪风气的批评，来赞扬自己与李志豪之间的感情不因金钱和距离而疏远，并抒发了新年仍旧生活艰辛、漂泊异乡的愁绪。

前几夜我们偷着余闲，和几个朋友撩【聊】天倒有些"剪烛西窗，快谈千古"之乐，我们曾谈到关于交友得各种闩世界的大势，一般人的生计，我们也谈到交友的各种问题，当时我听得一个朋友带着非常诙谐得口吻讨论着上海社会中的社交说："戏院是恋爱的发祥地，茶室、舞厅、公园是增进友谊的渊薮，当二人堕入初恋的漩涡中时，有美丽的书信可以看到，有悦耳的情话可以听到，性情都非常的柔和，一切肯为他人而牺牲，又毫无丝毫的成见，那种缱绻真挚的爱情真会使对方感到满足安慰。可是实质上倒并不是如此，各人都在掩遮着自己的短处，像伶人在演，务求其生动毕肖而要使对方蒙蔽在鼓里，在恋爱进行中不惜费尽了金钱时光精神，三日不隔两的约会着，携手缓步，像背台辞般的说着喁喁的情话，使二人陶醉在二性的爱氛里而得到暂时的安慰。但个人的个性根本都不了解，处境不体念，所以当然没有深刻的同情和勉励。如此交友想要得到圆满的结果真有如'缘木求鱼'了。"

像他那样广泛的批评使我不无有所感慨。的确，在这恶浊的都市里正多着如此样的青年男女。豪！这该是值得自豪的，我们根本就没有约翰那样虚伪的夸口，和玛丽那样虚荣的奢望，虽然我们碰面的机会不多，但正像你所说的，"只要心常在一块儿"，决不因此而感情疏远起来，如水之交也许会比蜜糖般的友情更深呢！愿我们互相策励、警惕。我记得有个怨世的文人曾这样说:"人生的道上全都是些陷阱,你跳个了几个,前面却仍有许多呢!"凭着我们纯洁的心,坚决的意志,携着手往前走去吧!

　　生活的怒涛不时的澎湃着,像我这样处于社会的底层,靠着薪水维持生活的人,谅你定能想像得出挣扎着的苦恼。腊鼓声声,峨云暮夕,孤独的流浪在他乡,又是一年了,在那凄凉没有暖意的客地里度着残冬该是怎样的心境。在日常里我颇为感触,情绪常不住的奔腾起伏,但每想按些下来留在纸上,却又有些写不出。南宋的诗人辛又【幼】安有首《罗敷媚【丑奴儿】》写着说:"少年不识愁滋味,爱上层楼。爱上层楼,为赋新词强说愁。而今识得愁滋味,欲说还休。欲说还休,却道天凉好个秋。"倒真是深得吾心可以表示出我此刻骚扰着的心意,就此拉过来暂借一用。

　　此件为草稿。信纸背面印有"上海爝锠线厂除收付实存表"。

024. 余光裕致李志豪(1945 年 2 月 20 日)

　　农历新年过后,余光裕和李志豪开始使用"珍""钦"为爱称。余光裕为李志豪买好咳嗽药水,而李志豪未赴约来取。2 月 17 日左右,天赐药厂因电力限制停产,夏懋修出差尚未返沪,同事蒋耕声、祝明珊辞职,余光裕在厂中生活空闲乏味。他还将身边一对情侣异地分离的故事写进信中,称除非万不得已,不愿与李志豪分离。

珍:

　　不知道这样的称呼适当否? 谅你是不会怪我的吧。你的咳嗽现在有否差些? 真使我记挂。药水是早就买好的,但每日在等望你来,结果终是失望。你不是说过初六七来取的吗? 猜想起来,不来拿也许一定比较痊愈些了,那该为你庆幸呢!

　　夏先生还没有返申,厂中仍只有这几个人,没事情可做,单是看看书,表面上看来虽很幽闲,但我倒感到此种生活也太单调苦燥,因为太空闲了,反还使人乏味,何况我又是一个喜欢活动而要找寻工作做的人呢! 越是静着,思想也越会如潮水般的涌起,我虽想极力抑制这种绵绵的想【相】思,可是事实上却不容许我不去想它,尤其处在这样的微妙的环境下,怎能使我的脑子得着片刻的宁静呢。

　　珍! 我相信唯有以我俩的热情来消除这种想【相】思的苦闷,只有借着你的安慰来温暖了我的破碎的心灵,殷切的更需要大量的鼓励、同情,像你那样能够了瞭而又温柔的女子知音呢。珍,你会不会说我是个太重情感的人? 不! 这不是喁喁的情语,纯粹是发从深心的呼声,是我唯一冀求中愿望。上次得着一个较长谈话的机会,才算是痛快地畅谈一下半日啊! 回忆当时■糕的情形真难使我轻易的忘去,你记得吗?

　　将后我又要少去时时碰面的二个朋友了,蒋君已向店主辞职,拟近日他去,一位是姓祝的,你没见过面,也将于下月往内地(重庆)去。差不多日刻会面的朋友,一旦离开了准会使我更寂闷不惯啊! 今天中午阿彩到我这里来,是刘先生叫我打电话给她的,为的是他不日也要出码头去,想与吴桂英小姐谋面一晤,因为自己不大好意思去,所以托阿彩到她家里去致意,但不巧得很吴小姐刚不在家,阿彩倒非常热诚地留张字条给她,也就匆匆的回家去了。一对很要好的情侣,他们遇到分别的时候就难免会有许多惜别的怅惘和依恋不舍的情绪,这原是在情理上一定的事实,可是以我那种单纯的意识看来,倒很不愿尝试那种远地离别的苦味,除非在万不得已的境况下,那也只好忍痛的来客串一回哩。珍,你觉得怎样? 希望你赶快来将药水取去进服,但来的时候可别忘带了你的那帧戴眼镜的玉照,和我以前的一封"误会函"呀。再会,祝

　　健康

钦写于午后

20/2/34

　　此件为草稿,使用 023 号信同种信纸。

025. 李志豪致余光裕(1945年2月23日)

李志豪回信解释取药失约是因睡过时间,现在外面时局混乱,有举家搬离上海的打算。信中出现的"路易",推测为李志豪年底辞职福民后新就职的路易印钞厂。

钦哥:

初七我本想欲来的,那知一觉醒来已有四点多,即是来恐也赶不及回路易,只好失约了。

也奇自初七后我的咳嗽差不多一天见一天底好,直到如今已差些,谢谢你底记挂。你替我药水已买好,等我休息之日来取,大约在星期二。你安静地等着吧!

现外面底时局非常紊乱,出于意料之外一种举动使我很担忧。钦,你可知否?照如此之时局,或许我家有迁地之故,不知你有何打算。敬祝

康泰

豪

于二月二十三日晚十二

026. 余光裕致李志豪(1945 年 2 月 25 日)

余光裕回信称上海局势恶化,应早日离沪,正在考虑搬迁计划。他担心志豪的安全,建议她不要回中正中路的家,去四友新村暂住。

你的来信于午后收到,我准会在星期二等候着你。近来时局日趋恶化,我也正在计划,不过为了各种问题,暂时还未能有所决定,如果另外有较安全些的地方,还是早些迁移为妙。像我这样的单身汉,想起来总比较差些,可是你也不要太过分的担忧,这原是大势如此,唯有缓缓的计划着,反正船到桥门自然直,空急也是无益的。据有些人的观察,也许上海于短时内还不致会像一般人所想像中的那样危急,不过米价这样漫无止境的涨上去,总还是未雨绸缪的来得妥当些。

近来你不要再回到家里去睡,就睡在四友新村吧! 前几天我曾很为那种意外的举动而在担着心呢! 没心怀不想再写下去,希望你保重身子下次面谈吧! 再会!

钦

25/2/34

此件为草稿。

027. 余吕氏致余光裕(1945 年 2 月 27 日)

　　余光裕将天赐药厂停业、上海局势危险等情况写信告知母亲,吕氏回信建议他赶快结伴回乡,并将寄放在上海姑母处的物件捎带回家。

汉钦吾儿:

　　收悉,接一月五号所发来书,展悉种切。申地情局反常,殊深心猿,汝自进天赐厂后,知受电力限制致停顿收歇,竟尔失业,闻之不为忧惘,惟既停歇,复业谅无定期。

　　据余竟不若回乡为妙,一则免受意外遭遇,二则回里居家亦可苦度,为特函嘱,望见一覆,希速整集行装,邀伴返梓,至盼至要。来乡时望将余曾寄于汝姑母处之洋磁饭斗、衣裘(不论破旧均须重视)、被单等物件整集,拜托汝姑母代为妥藏之,返里时望先为探听,如能携带,希随带寄于汝姑母处之玄色府绸一块、手巾数条、被单一条,余夏衣数件最好。望代汝弟购一衣料,因布价较乡为赚。特此作复,此询近佳

母字

正月十五日

　　再者,见示望即回里,待申情局平静,再可向外发展。今候我家米食,足可自给无忧,祈洽之。

028. 李志豪致余光裕(1945 年 3 月 2 日)

2 月 28 日李志豪如约到天赐药厂见余光裕,两人在公园里聊天时,光裕说自己计划离开上海返回凌湖家乡,询问李志豪的态度。李志豪当场并未表态,经过几日深思熟虑,她终于写信告诉余光裕愿意与他永久结为伴侣,但不能随他一同回乡,期待日后能正式订婚。

钦哥:

廿八日底一刹那,和你握别后,回至家中,小停片刻,即赶到路易。在这一条漫长底,寂静如长蛇也似底街道上步行,微微而扩大的浮起刚在【才】一幕谈话底景象,不觉心中一阵难受,掉下几点伤泪。在公园中你和我讲话,不是我总是笑吗? 连你欲我表示底话也一句讲不出。那时底我,心中不知是多么底难堪,所欲表示的话,完全被一种抑郁、惊【紧】张底空气所阻止,嗓子里话声,一点儿也难发。那时之笑全为了你,而勉强的笑,是因不使你悲伤。假如我一悲伤,你更加痛心了,是吗? 分离当然挚情友是不愿离别的,但是在这恶劣底社会上,乌烟瘴气底时局,满布着黑暗底气象,青年人假如要往光明大道上行,那一定不得不离开此污浊的孤岛。钦,你去的是很圆【远】,珍是很赞成,不过我俩的分散是很痛苦,以后碰面的机会是极少了。

在公园交谈中,你希欲我表示,那时我不能发话,只好现来笔杆填示吧! 你谈以后将来我俩的事,是的应该双面表明,只欲你始终底! 我不欲半途发生任何问题,我很愿和你结为永久底伴侣,因为此是人生最大的事,不能耍戏儿底。钦,你以为我底话是否?

钦,我和你认识中将近乙年。你是知道的,我是一个无兄弟姊妹的人，只有慈爱底父母和我作伴，因为父母底爱使我永不忘记它，即是每一个做子女的人应欲把慈爱的父母双影存在脑海。我呢？尤其是更加了。

钦，你理想中有无此思想，我想你决不。而你也是个富有义气底人，绝无此负想。

钦，你心中不欲猜疑，为甚我不和你同拍照呢？因有我底幼稚之称想，在现在未和你正式实行订婚，我似小孩子如的怕羞。单独个人底照也可以存为纪念，请你不欲以为我是如此的人，以后我们正式实行仪式，也可以同照底。钦，你以为我幼稚底话对吗？

小照一页事，和我这次最近影的好，一块儿寄来，或者本人带来也未可知。请放心，我是绝对给你底。只要我钦静静地等着吧！

钦，你接着珍底信请不必伤悲、疑虑，应欲详细考量以后我俩之事才为定啊！请细思回覆。

珍手书

于晨四时　三、二

029. 余光裕致李志豪

余光裕回信约李志豪见面,理智地聊聊家庭和个人的境况,意即婚姻的计划。局势早晚使人分离,他希望双方能凭坚固的爱跨越距离。

你的来信于昨晨收到,你所说的一切我全理解,而且正在缜密的考虑中。我本想将吾自己家庭的情况和目前我所处恶劣环境中的一切艰困,彻底的写在纸上,可是后来我觉得如果要将我俩的事和我所感到现社会下职业青年的苦闷全告诉你,实在是太多了,真有些纸短情长,不尽欲言。何况你正深沈在黯然魂销的离别苦闷中,我又怎忍心再增加了你对我的忧烦呢!昨天下午我曾经写好了几张,但总觉得写不尽这许多,单方面的文字也不如双方面透彻的面谈来得能够~~比较子了解些更达意些,所以我仍旧将它扯碎了~~。并且心中千情万绪,紊乱非常,写了读读老是不如意,虽然我鼓着勇气,重写了好几次,但总归是失望,使我体味到文字的单纯,不能絮絮的诉出我心灵的细语。关于我俩将来的事的确我是需要更多的考虑和策划,我也曾和夏先[生]商谈过,据夏先生的意思,年青的人,情感是容易激荡,理智每为感情所屈伏,但到了情潮退了的时候,现实的暗礁全会显露出来,障妨了美满的航程,我俩的友情既已到了今日的阶段,最好不要再为了羞涩或其他种种的外因所牵制,把该互相诉说的隐藏以来,藏在自己心的深处,使别人看不到。□□美满□□□非要相互的完全彻底的瞭不可,只容许俩颗赤诚的心紧接在一起,像乳水般的交溶,如果现在双方再不能尽情倾吐的话,是会影响将来的。星星之火可以燎原,微细的芥蒂也许会变成以后苦痛的根源。珍!我是真幸□

赤诚的爱着你,我希望你不要再对我像外人一般,避免一切人为的、虚伪的思维,来作一次更真诚、更详尽的谈话,将各人的心语倾吐,等你有空的日子我们约一个地点好吗?

我对于离去上海的问题还没有完全决定,现在我仍在踌躇和计划中,不过时局的趋势总有会造成我俩别离的一天,虽然离别是最使人感到痛苦的,但只要我俩都能坚固的爱着,虽尚少一种形式的表示,想来原也是一样的。近几天的米价已稍跌,不知道你家迁移的主意决定了没有?抑仍是等下去我真记挂日来春寒料峭,像你在外面工作的人该多带些衣服,防备着,尤其在这个气节里寒温更须注意的,匆匆不尽,祝健康。为了我,你该小心爱护着你自己,祝你,平安。

此件为草稿。

030. 余光裕致李志豪(1945 年 4 月 5 日)

余光裕定于 4 月 8 日启程回乡,写信希望李志豪打电话约时间与他当面告别,并附寄照片以作留念。

珍妹:

上月卅日午后我出外去打听返乡同伴,回来听说你已来过,使你跑了一个空,心中非常的不安。现在同行的都约定于八日(星期日)动身,我也只好和他们一同去,可是这天偏巧是你的假日,倘使你在这天来电,或来厂,而我已在回乡的途中了。珍!我怎忍心不当面告别的分离呢?可是这事又太使人踌躇,我本想晚上来四友新村和你道别,继而想到你是和同事在一起,深恐会引起些无谓的是非。行期匆促,心绪万端,我真想不出妥当的办法来,现我唯有期望这封信能够在星期六的晚上使你看到,希望你看了即刻打个电话来,我准会静候着的。

附上近影一帧,只是光线不太好,姿势又不自然,但重拍又恐不及,就以此真【帧】给你当个纪念,以后你看到它正像碰到我本人一样,不要引起离别的愁绪来。愿柔和的春风带给你好音,并赐予幸福与我那亲爱的人儿,请珍重吧!

钦于临别前二天的晚上

卅四、四、五

三、乡居时期(1945 年 4 月—1945 年 9 月)

031. 章肇元致余光裕(1945 年 4 月 14 日)

章肇元是余光裕在福民、天赐两度共事的朋友,他给回到乡间的余光裕写信,介绍近况。天赐倒闭后,章肇元因被家人批评不看守药厂物品而吵架离家,搬去与女友铭同住。章肇元当时在浦东的公用局管理处任会计,每周末从浦东回上海。他还征求余光裕同意,与李志豪通信,帮助两人维系感情。

光裕:

星期一那天上午分别后就再没有机会碰面,就是这样的很平凡的二度分离,忆昔日福民的分手未及一年而再度重逢,但愿此后不久又能三次公事,亦不负我们相识一场矣。

你虽然是回到乡间去了,我知道你的心儿还是在上海的,你离不了你的珍,我知道。光裕,不必气馁,亦不必伤感,有了今日的分离,才有将来团聚的欢乐,以后重逢之乐,决比时时团聚之乐远胜万倍矣。

别人看来在我身都不能解决,还忙别人什么,但是我很高兴为人乐成,我的义妹就是我一手成功的,为你与李我也很愿意帮助你们,何况现在还有铭呢。你能有决心,那末我们愿意帮到底,不使李小姐因环境的改变而改变。

　　现在来谈谈我自己的事吧,那天我和你分手后曾到过家里,到家里不会有好的情形,这是意料中的事,可是这次闹后很凶,原因是我不看守厂里的东西,说我不应该和你们一样的捣旦【蛋】,我很气,大吵了一场,差不多等于决裂了一样,所以我把自己的东西都搬到铭那里了。

　　十日上午到浦东公司里办事,这里的地方很小,只小小的一个小市镇而已,什么都没有可玩。每日上午九时起办公,一直要到下午五时,吃午饭后也没有休息,这情形是很少见的。五时后就在小镇上踱踱步,或在黄浦江边凭眺浦江的船只的往来,睡觉是很早的,不过我们睡在床上谈谈天也常常要到十时以后。我虽派在会计室服务,因为所有的责务都有人担任去了,我还没有派到那一部份是我作的,除了帮他们一些忙之外,老是空着,但空坐在那儿不是顶好,还是乱涂涂。

　　这里的人很复杂,昔日广东人很多,现在(最近)大多是上海一带的人,广东人仍还有不少,也有北方人,这许多人中可只有一个女子,是浦东本地人,听说还只十九岁。

　　还不是我会接近异性呢? 还是她们欢喜接近我呢? 可不得而知,我第一天到这里的傍晚经过她的住所(离我的只隔了一间),那时候我还不知道她也是我们的同事,也许她已经知道我了,刚巧她从门里出来,对我点点头笑了笑,那我也糊里糊涂的对她点点头。第二天我到住所附近广场上去散步,恰好她与几个大小孩(是练习生和我同住的)在谈天,我就在那儿站了一会儿,有时也插了一二句话,可是我没有和她直接说话,还是间接的。从这次之后,她见了我总是点一点头,笑一笑,怪迷人的,以后怎样的发展下去,下次再告诉你。

　　我每星期六是回上海去的,并且我预定每次睡在保源里,所以你可以寄到保源里好了，那边的地址是"四○三"号，你知道吗？

最[后]我得征求你的同意才敢写，为你和李，我想在可能的范围下与李通通信，常常提提你们的事不使她时间过久了会淡忘你，要是你不愿意我与她通信的话，那末我也就作罢了。

好咧，下次写了，现在是办公的时候，再会吧。祝你要快乐一些，一个人决没有永远不得意的，也决没有永远得意，看得达观一些吧！

肇元手草

四、十四下午二时

032. 余光裕致李志豪(1945 年 4 月 16 日)

4 月 8 日余光裕与李志豪当面告别，11 日动身返乡，14 日中午到达凌湖。16 日，余光裕给李志豪写信讲述返乡途中的见闻，及乡间近况。他说上虞地处"阴阳交界"，青年人有被屈诈的危险，想尽快回上海或去内地。余光裕还劝说母亲吕氏同意两人今年订婚，但也借母亲之口表达农村家庭可能配不上都市女子的顾虑，希望李志豪能仔细考虑他的家境再作答复。

珍妹：

我俩于八日晚分别，当回头见你徐徐而走的时候，心中就涌起了阵酸溜溜的难过。事出意外□日因下雨汽车停驶，须改期十一日动身，□在上海逗留了一了□□。旅途的艰险果真不出意料，在宁波□□汽车□□□□□□近海岸的一个农村(张家沙)草屋中借宿。在汽车和快船中挤轧得疲惫已极的我，能在朴俭的农民家中得到一宵休憩，使两日的辛苦的旅途滋味全在这一宵消失了，恢复了原来的精[神]。在旅途上我还结识了一位同龄的同乡音人，二人谈得非常□□，他吹着口琴哼着曲子□聚集了许多天真的村姑和孩童，一时的高兴我也哼着几句京曲，觉得在大自然的怀抱里过着到处为家的生活，倒也别饶风味。

□晨一时趁帆船过了□□的钱塘江，为了风势和潮汛的都不顺，所以在□江的一座无人的荒山旁停泊了□□□□的人委实太多了，不忍让一六十多的老人立抱着□□孙儿，因此将占着的坐【座】位让给他，而自[己]却在无遮盖□船头上冒着海风而坐。后半夜开船了，茫茫的飓风，汹猛的怒涛，船在颠倒□侧的颠簸着，所有的船客脸上都呈现着惊惶痉挛【孪】,好像在此危急的一刹那是大家命运的决定。船老大抛住了锚,待风浪小后总算才使空气缓和过来,可是两小时的恐惧和寒的吹袭飞荡已使我病倒在船头上了。珍,你想没被件来御寒,怎禁起这样的寒风呢? 强支持到□□□□十四日的清早上岸,又在泥泞的海滩里走过了三四条水深及脐的□□。午饭时抵家综计旅途过了□□□常尽□□□□过的惊吓,现在我的脸不□消瘦了许多,而且竟较□民还黑得多呢。珍,你要是看见到我时,□□□□□□母亲对这次的返家高兴□万分,她老人家欢喜得涌出了满眶热泪,语□□爱护□体味到母爱的伟大。不过乡间近来的苛捐什税、抢劫□□及行路的危险和敲诈,都使我意想不料会有这么厉害。今天是抵家的第二天,但我已定有即须离开这里的必要,因为这种"阴阳交界"的地方,据说□我□年青人更危险,随时有被诬某某的可能或屈诈。珍,真□□如果上海情形转好立刻就来,不然也要往"内"现在正□□着呢。

　　我母亲和弟弟一切都好,这是可慰的。昨日午后睡了□半日,晚上□着□说着起婚事的机会,我就将我和你的友谊和一切全都告诉了她,□母亲看到的诉述和照片之后她笑嬉嬉【嘻嘻】的很依□我□□□。自然我是经过了各种解释的,虽蛰居僻乡的母亲,其思想倒并没像其他一般的陈旧。珍我不是早就说过,母亲毕竟总是十分爱我的,不致会完全专制我的婚姻。母亲说:"只要你改正目光能有这样才能□□□来配□□的妻子,我很赞成。这是你一身的幸福,不像给你做一件衣服□□□□□□认为不满时可以再换一件。这是你自己福气,能与这样贤明的人做伴□可说也是我的福□。"多年不返家了,但静僻的故乡仍和昔日一样,处于这种时势,幸恢【亏】母亲请人种数亩薄田,才能勉渡过去。农村的生活大都是俭朴刻苦的,尤其在现在更甚,物价的指数除了□来略较低贱外,余均比申□贵□见这许多□

□怪□中老是很骚闷似的。不知近来上海的情形怎样？你在厂好吗？□□□是否成问题？伯父母谅都安好的。

　　我俩的事已和母亲详细的谈过，她老人家倒并不像一般人的古旧，她说："像李小姐那样才能贤淑的女子和你做伴侣，自然我是非常赞成的。不过我们是农村中一家家庭状况并不怎样的一家，恐怕上海人高大的眼□是不□的，可是据你如此的说来，李小姐并不是虚荣的女子，而且又是柔和朴素的人，做母亲的也决不会来反对□□。何况你意志又这么坚决，即使我作了主，那反会造成你终身痛苦，不像一件衣服我作主做了而被你认为不对时可以更换的。但是你们将来结了婚，夫妻俩应要时时返乡的。只有你认为对，你就自己去作主吧！总之我看了这张照片，听了你的诉述，我是非常赞成的。"珍，母亲方面是不成问题的了，如果你是只□□了我□环境转好，今年也许就可订婚。珍，我俩是真诚的互爱，但是我是□平庸的人，同时他是个因环境而不得力的人，而家庭状况不怎样好。为了你自己的前途，你该作一个仔细的考虑，然后再给我详尽的答覆。我在等候着你的回音！祝你康健

　　　　　　　　　　　　　　　　　　　　四月十六日

　　此件为草稿，残缺模糊较多。

033. 章肇元致余光裕(1945 年 4 月 26 日)

　　章肇元周末回上海时路过天赐厂偶遇旧识女子,将此事讲给余光裕当作日记素材,并聊起天赐旧友去向:夏懋修 4 月 12 日离沪返回濮院家乡,预备远行;蒋耕声、祝明珊去扬中乡间做生意;朱尔开与邻居女学生恋爱。

光裕:

　　写这信时前信恐怕还在途中,也许你也有信给我尚在途中。

　　上次的信中已经把这里的大略情形告诉过你了,现在就是这么机械式的过日子,一星期休息一天,无非到上海在玩玩,可是也没有什么可玩,打打牌。

　　这事情你大概不会这么容易忘记它的:就是对面的那个大块头。你看不到了,然而我每星期还可见她一次,现在她的房间已经乔迁过了,不是那个朝西的中间一间了,就在正对面那扇窗帘一直遮住那间了,是最近迁过来的。她有一条红被,那晚上我到天赐去,她正在折被预备睡呢,她却有意对着我笑笑,并且松开了旗袍钮扣露出红色的内衣,这是多么有意的引诱。我也好奇,她既不怕难为情,我们男子汉为何要怕难[为]情呢,索性立在写字台上看她睡下去,她到底还不及我呢,马上关闭电灯,我也就回保源去。这一段情形给你作日记的资料吧。

　　李有信来过吗? 你得好好的多用的脑筋去写信,要把她永远抓住她,不要一脱钩就难捉到了,可知女子的心是很容易变的,尤其在你俩处在现今的这种情形下。

　　夏先生就在你离沪的下一天到濮院去的,现在还在乡间,不过他正在准备远行中,不久就要出发的。老蒋与祝到扬中乡间去,到现在还没回来,看情形那边生意还好做,大概他们在开办了,否则早该回来了。尔开到现在在【才】向我宣布他的女朋友,就是他那弄里的,在求德女子中小学读书,姓沈,我见过二次,年龄很轻,不过十六七岁,她的言行举动与李相比那天地之别哩,太轻浮了,许多人面前都做得出,真有她,这是为了年纪轻而情窦初开太不懂世故的原因,所以我叮嘱尔开应该好好的教导她,要是预备接受她的爱的话,否则将来太危险咧。他们的情感是相当深的了,已经认识有一年咧,他的袜子也是她替他洗的,并且还替他补缝,上次我在保源换下一双袜子来,她当作是尔开的,也洗过了,不知她有没有替我补好,我可揩着便宜了。

你在乡间做些什么,你在家的情形也告诉我一些。

有空多写的信来,寄浦东高庙上川上南两路管理处(寄到处里须写章纪静收,注意。)或保源都可以。再会吧,祝

好

肇元手草

四、廿六、下午

此信背面印有"上海特别市公用局上川上南两路管理处"、"支付传票"。

034. 余光裕致李志豪（1945 年 4 月 27 日）

余光裕在凌湖目睹苛捐杂税、农村破产，对乡间局势十分憎恶。听说上海遭受轰炸，米价猛涨，很为李志豪担心。余光裕整日在家中二楼闷坐，希望待上海局势好转立即返申。余光裕写明对李志豪的爱不因环境而转移，期盼李志豪能不变心地等待着他。

珍妹：

回到孤僻的故乡以来，忽将半个月了，在这些日子中，心境从没一刻安静过。虽然四周的青山、后门的小河、葱翠的竹园，和浓荫的樟树，围绕着屋的四面，奇异的鸟语，呢喃的燕歌，夹着一群刚才孵出的小鸡的吱吱声，有时温柔的春风，还送来一阵金黄油菜花的芬芳的气息，会使人陶醉。呵！这许多所谓"花香鸟语"的自然景物，在诗人，也许认为最美丽而幽娴的了，就是在平时来这里住上一个时期，我也会很感兴趣的。可是，现在他却感到眼前的一切是喧嚣的，烦躁的，全是些灰暗凄惨，而一点没有生趣的。他憎恶世界的残忍，使他和许多朋友分离开来。同时他更憎恨那些什色军人的横行不法，弄出许多税捐，使每个农民都压迫得透不过气，他们都极惶恐气忿地说：我们的民脂民膏，将全被搜刮殆尽了，整个的农村也就要破产了——然而他们又不管你拿得出拿不出，不是已有很多的地方因拒给而被扫荡抢劫吗？呵！这真是个什么世界呵！

每一时刻里，我总是在惦念着上海的局势和忘不了的你，但是遗憾的是这里偏看不到报纸和准确的消息。昨日偶从校中一位教师那边听到，上海最近据说又遭过轰炸过，自来水被炸断水，米买二十万，一切都在疯狂猛腾，市面紊乱极了。自听了这几句话之后，心中几乎比刀割还要难受,我恨不得一脚跑到上海,亲自睹个究竟,并能见到亲爱的仍在安静的工作着,默祈这消息不要成为事实,我常这样想。乡下的情形是如此恶化,希望上海能维持原来(我返家时)不恶化下去,那我决冒险立即来申。万一到了上海,时局突时变化起来,但在我,只要能够会到了你,纵然是遭遇意外的险机,也是在所不惜,心所安愿的。

珍!我真的会不怕一切的赶了出来,如果能相聚在远地的爱人于一起。然而消息传来的终于愈来愈恶,母亲和许多亲友都婉言的来劝阻我,都以为等时局好些再说,叫我切勿这样冒昧心急,而母亲也很为我终日忧郁的闷坐而担心,深恐我会出什么义子似的,以种种慈祥的口吻,来劝解着,并且时去叫几个邻居来和我闲谈周旋,借欲使我能忘去现实的忧闷。可是心如绳索绞住的我那里还有心绪去跟他们撩【聊】天呵?在岑寂的楼上,不时会坐对你的情影,追忆着过去,陡然的又会倍【黯】然心伤,脑中总是这样想:你家也许已迁到你的表兄那边去了,或者你仍是在上海带着惊惧的神气在工作着,这两个问题,使我难以猜定,唯有在梦中总算给我一些空虚怅惘的答覆,但是亦不过增加他的惦念而已。

珍!我深知你是爱我的,可是我担心纯洁的爱情会不会受着环境的破坏?倘因特殊的变故,而使你不得已接受新爱,于理也许可同情,可愿宥,然而珍,那时他的暗淡的生命史上,将永远成为痛苦的一页了,而也永远成为孤独的伤心者了,此后他岂敢再跨入恋爱的漩涡吗?自然他是誓不与另外的女子婚娶的了,他在感到渺茫的人生之余,会疯狂似的抱着创碎的心,走向无目的的地方与这个残忍的世界去拼命搏杀,让一切的残忍,来结束他的灰色的命运。

珍,真挚的爱情是没有条件的,是永恒不易的。希望你会说我那种猜测原是多余的,漂浮的小舟正需要你的舵来驾驶,使他有一天能一同回到你的恋爱双亲的怀抱,使他能领略和自己父母一样的抚爱,这岂会是他的梦想不? 几时实现呀?

茫茫四海,何处觅伊人! 我正待着,待着,待着发展的机会,愿你珍重身子,鼓足勇气,一同待着吧! 祝你精神愉快。

(当写完这信时,二里路以外的海边在开始炮击)

钦书完于二声震天的炮鸣下的早晨 10 时

27/4/34

此件为草稿。

035. 李志豪致余光裕(1945 年 5 月 1 日)

李志豪回复 032 号信,称上海局势恶劣,夜间不能安睡。针对余光裕母亲的顾虑,李志豪表示自己喜欢农村的景致。她劝余光裕不要放弃奋斗事业,境况稍好便回沪订婚。

钦哥:

时季已近石榴花底五月天,为何不见你的来信? 心中起了猜疑底思潮。是路途的险恶? 是意外的一切? 或是邮局的关系,以及交通阻碍呢? 一幕一幕的景象既着多在脑中浮起。自你离申后大约已有半月数日,思想起来,好一个漫长的日子啊! 正在仰头而望惆怅之时,然接到你在本月廿七日的一封从辽远的地方,经过高山小丘,越过明媚秀丽的湖面,带着一股农村气象,新鲜空气底味儿,才慢儿地降临到繁恶紊杂的都市。开始它告之你的珍将你经过路途的一切,使我瞧了也放心一大半,否则我眼也望穿,心是焦急万分,不知你此番回乡在路中可曾遭着些什么危险。现在你也平安地回家,我也安静了,伯母和令弟都很健康,此是我所祈祷的。

钦,家父母托福很好。在路易仍如此工作。关于宿舍一事现已经不成问题,仍是安静下去,谢谢你为我如此关心。而且现申之局面比你在申更加恶劣,况常常子夜有××骚动,比以往更逼近,所以夜深不能安静入睡。你乡是否这样?

使我幸福的,你母亲大人已答应我俩的事,她老大人亦是痛爱儿女之心,和新思想聪脑,不反对自由结合,大概也是我俩前生缘份吧! 你说是否? 但是你母亲亦讲得太客气啦! 上海的人不是每一个不喜爱农村的。就讲我吧,我是喜欢尝试农村的风味,欣吸幽雅僻静的景致,也是我理想中的一幕。钦,我们还年青,对于事业上应努力奋斗向前,机会是会找你的,请安心吧! 若是你有相当职业,你定要有坚强意志,去应付,非欲有一种恶浊气象染着,脑力应要清楚。你以我此话讲得太过份否? 但是我最希望你成一位好青年,于我是更喜乐极了。

我站在厌乱的申地,期待你光明的好音讯降临。你的境地一有宽舒,请即来申,我俩就可订婚。我在期望你的佳音。啊! 搁笔之时我再声明一下,你在乡那理智非欲情感的屈服,不要忘却上海的珍啊! 并不是我不信仰你,实因我是个懦弱孤伶的女孩子,经不起刺激的,请记住吧!

请常常来信,以免我眺望。申之米价已出十万左右,其余货物多涨上。余言下次容禀。

敬祝

康健

志豪于沪黄昏七点半后

五月一日

此信为钢笔书写。使用浅蓝色信纸,印有"DEUTSCHE MEDIZINISCHE AKADEMIE SCHANGHAI",为同济医院笺。

036. 余光裕致李志豪

余光裕回复 035 号信,称乡长请他去乡公所工作,他不愿同流合污。上虞乡间势力复杂,余光裕不敢接受这些工作机会,仍等待上海朋友为他介绍工作。

珍妹:

今天早上接到你一封为我所渴望中的快信,整齐的字迹衬着蓝色的信笺更觉得可爱动人,有一种说不出的兴奋,我仿佛觉得你仍在我的身旁低声温和的倾诉着笑,远远的怪怕羞地,又使我堕入美的梦境里。

还是我不会利用环境呢,抑是不愿受环境的支配而在逃避着现实? 我现在仍是怀着颗孤高的心,宁愿闷在家里而不愿接受污浊的机会,去干些无意义的事情。正如你所说"□职业,要用坚强的意志去应付,莫沾染着恶浊"这话真不错,正是我要说的,在晨曦□最黑暗的今日,有许多地方的确不能不详为考虑,如果偶一不慎往往会因黑暗而误入歧路,"一失足成千苦【古】恨"自足令人警惕的。

……

最近乡长派人来叫我到乡公所里去工作,待遇也不错(上海的一般职员没有这样优厚),当时我曾允以考虑后再说,嗣经打听的结果,发觉内部组织不全,人浮于事。而农民村人对于员工的营私舞弊都十分齿恨,因为乡公所的一切经费全是取之于民,故难怪要为人垂【唾】骂了。村中的人对我的印象都非很【常】好,你想我怎会单顾着生活,而肯轻易以完白的生跳入这只污浊的染缸? 自然也是给我拒覆了。

　　我们这个地方上——上虞的一隅情形真是紊乱极了，错综复什，诚使吾人眩目寒慄。譬如说："有青山，有土丘，同时也有坟墩，一般人看来当然都喜欢到青山去，是决不愿走入零乱荒芜的土丘和无次序的坟墩中去的，可是实质上这山也是孤小的，是时被云雾遮住而不易寻觅的，它是否真的连贯更大更高的山脉也还值得研究。如果凭了一时的勇气跑上去欣赏山景，对于生命根本毫无保障，并且是随时会给猛兽吞噬掉，那样冒昧的牺牲总未免不大值得吧！"珍，你说"机会是不会来找你的"，的确像这样的机会一度也曾遇到过，可是我不敢我不愿。为了你为了其他的事业，我更不能跑到"小山"上去欣赏"山景"了。我现在静心的等待着较宜的机会和夏先生的来信，同时也等着申方朋友的来信，只要我俩都能忍苦耐劳的待着，过了这短暂的黑暗，机会也许就会降临的，愿我两静待吧。

　　我的身世我的处境以及性情你都知道，是和你同样地经不起刺激，简直不能经——爱的刺激，虽然相互的猜异原是双方真挚情感的流露，愈是猜疑相互也愈是坚固，也许这就是热爱的原则。不过我俩决不能以此自安了，仍得用坚楚的理智去应付一切，随时随地更须提防着所谓"近水楼台"和"恩惠的赐予"，而使爱的位子有所更动一些。人生的道上到处有陷阱，也到处有引诱，我俩不能不加倍的注意啊！

　　此件为草稿，信纸中缝印"协泰号"字样。

037. 陈曦致余光裕(1945 年 5 月 13 日)

余光裕猝然回乡错过陈曦(即陈尔镰)的婚礼,写信问候并请他帮忙介绍工作。5 月 13 日陈曦回信,称上海米价高涨,失业严重,自己和刘骅(即刘梓庚)也无正当职业,会帮他设法留意。

裕兄:

当我结婚的前夕,正在忙于婚事的安排,您曾给我一封信,说要急促回乡,不能等待吃喜酒了,当时我正想劝您再留几天,可恨邮政搁延了我的要信,听了骅兄的话,你已启程了,真是不乐,同是抱歉。今天接到您的玉书,真是满怀高兴,您的一片好意,使我十分感激,我俩应照您的勉词做去,定不辜负您的一番诚谊。

至于您俩的忍痛离开,你实在说得太伤心了,连我读信的人,看了这几句悲痛的字句,不竟也要流下泪来,何况是您俩当事者呢? 不过裕兄! 您得明白,在我尝过恋爱滋味的嘴中说去,您俩目今的情景,激【彻】底一句话,并不是悲剧,也许反正是一幕精采的大喜剧呢!? 因为您俩本来是多么的情投意合,为了您受了眼前环境的压迫,驱使您离开上海(即离开您的爱人),这是暂时的离开。只要您们一心不变,虽然是处于两地,我希望您们唯一的听我一句劝告,依然不时通信,以保持本有的恋爱,待不久您依然来到上海,就更深切了您俩的爱情,也就是您俩姻缘美满的时期,到那时我们俩双双地来恭喜您俩祝贺您俩。

现在您处于冷僻的故乡,生活当然是无聊,身心自然是忧闷。不过眼前的上海比从前越不相像,生活也日益高涨,米价已达十四五关,失业的人也和生活高涨并驱而驰。我也没有正当职业,骅兄也无事可干，我们也正在设法之中，假如稍有把握，即当给信通知，请勿过忧，保重玉体，并祝康健，希多通信。

　　来函寄上海徐家汇路三七弄三一号。

弟曦上
五月十三

038. 余光裕致李志豪(1945 年 5 月 15 日)

夏日将近,余光裕仍在家赋闲。他给李志豪写信回忆去年春天在福民与同事们春游的情景,并关怀李志豪在印钞厂工作的健康状况。

春——这被一般人认为可爱的春天终于偷偷地消逝了,在□里我没有像去岁那样的活跃,驾着自由车带领着厂中的几□车驶到龙华以及曹河泾的黄家花园,去欣赏着可贵的春景,回忆拥挤龙华道上的一幕不禁令人神往然,而今年呢? 今年它却而悄悄地带来了夏的种子降临到人间,它开始在逐渐展施着它的酷热的威胁,将又会使我们感到头痛呢。珍,使我欣慰的是你很知道卫生和摄生,在这个季节里在这个时间中饮食自须格外当心,尤其是你们厂里的□□食我知道应须特别小心才是。原则在炎夏里你工作的部份不知有电风扇没有?

乡间苍蝇将要应时而生了,蚊子已逞时在攻击了,不过这种小的侵袭、小的痛苦,我倒也能忍耐,因为我不会永久在这里,也不会永久受它的虐待,终有一个时期它会自动的消灭的。珍,你以为这意思对吗?

上海最近的情形? 你的近状? 章君有否写信给你? 希望你时时来信告诉,免我盼念。祝你制服夏的威胁而更臻健康。

五月十五日

十七寄

039. 李志豪致余光裕(1945 年 5 月 18 日)

余光裕抱怨乡间局势的 034 号信时隔半月终于送达,李志豪回覆此信,劝他恶劣时局更要耐住性子,随机应变地去工作,不要整日忧愁使他的母亲担心。她还希望余光裕积蓄存款用于订婚仪式,并询问生辰八字。

钦哥:

五月十四日底晨时,接到你第二次大札。自你寄出的一日和我接收的一天屈指一算已近半个多月。你这封信发出后,恐我的第一封回信你还未曾接到,所以最近上海的情况你未晓(仍旧如此)。大概是邮局交通的关系,快信欲达半个月有余,何况是平信呢!

你这次信中内容是,平[日]你脾气太性燥点,你既已回家,处在这种恶劣的时局下,也不欲烦闷急躁,应欲对付环境,努力事业。尤其对于现在局势的职业,应随机应变去干,不欲太过份烦恨。身体是应注意保重为要,机会它自然而然地会来找寻你,只要你性子慢慢忍耐点。

伯母大人当然为你担忧,见你终日的愁闷使他老人家难受,我劝你要显现出愉快的笑容。假如邻居和你撩【聊】天只好去敷衍他们吧!

至于我呢! 请放心仍旧和平常一样,在路易工作饮食很妥安,余下空暇时间以小说最接近,以消烦闷,天天的照例如此。而我对于目今的一切一切,态度自为注意留神,此点请你不必挂念,只要你现在有了相当职位我也放心了。

钦哥! 你当然是很爱我的,希你不欲半途变卦。珍,是始终爱你的。现望你有了职业,境遇比较宽裕,我俩即可照上次的话儿实行。钦哥,你以为我的话如何?

　　钦哥! 我在此提明一声,你大概在猜疑,我为什么总说你境地舒畅可实行订婚呢? 钦! 你是知我的,而我非是另一种她人的虚荣心好重,当然爱情是无条件的,只要我俩双方面家同意,自己两相愿意,虽然仪式上不讲考究,但在表面上总要比较宽舒点。所以我期望你的佳■地位,积蓄点款子即可以啦! 期待吧!

　　钦哥! 你是从内心赤诚的爱我,请说实话吧! 下次回信来请讲【将】你的"生日的日子和时辰"写出来,不要虚说啊! 我知你是爱我的。

夏安

你底人儿　珍

于5.18午签/34

此件使用035号信同种浅蓝色信纸,又有信封包含以下信息:

信封正面:

　　浙江百官崧厦凌湖亭子前庙南路二十号

　　余汉钦先生启

　　沪洛阳路豪箴

信封背面:

DEUTSCHE MEDIZINISCHE AKADEMIE SCHANGHAI

1945.5.18

(18th May Barry)

邮戳:

　　上海　十三　18 5 34　SHANGHAI

　　浙江　三十四年五月廿五　崧厦

040. 章肇元致李志豪(1945 年 5 月 21 日)

章肇元给李志豪写信,称余光裕的家乡通信迟滞,他想做个"月老",与李志豪保持通信,将余光裕的近况转述给李志豪,分析余光裕的处境,承诺帮他在上海寻觅工作机会。

志豪:

我们已经是很熟识,无须再来那么一套客气,还是爽爽快快的,不带一点拘妮【泥】和虚伪。

我们早就意料到上海的电力逾限制,天赐就有那末一天停止的,是必然之势,那末与余光裕兄再度离别,也是必然之势,彼此合而散已经是二次了。

虽然与他相处在一起已经有二次,而时间却是只那么短短的总共也不过一年余,但是因为食宿相共,彼此却很了解,虽不能言手足,但亦可云知交。此次的离别不无有些伤感,然时局如此,亦无法挽回,镇静细思,大丈夫志在四方,何必区区此一时之留连呢,也就昂然而别矣!

然别则别矣,仍时时念及彼在乡情况未卜如何,料彼必心神不安,度日如年,是故不时通信,以解寂寞。可是信札往来之迟,已无可再长,二星期前接彼到家后三日所发出之信,至日昨才接读自我来浦东即发寄(四月十二日)彼之回信,仅仅一钱江之隔,来回竟逾月余之久,可谓慢矣。

古语云:"朋友妻不可戏",虽目下你非余姓之妻,只不过一知友而已,而我更无有越轨之举,仅欲通信而已。虽我无多大能力有助于你们俩,但愿见友好们都能达到似愿以偿,创造美满的幸福,才是我所乐闻的。是故，我很高兴在你们俩间能做一个无形的月老。但是这第一封信给你写之先，还是征求光裕的同意之后才胆大写的，否则绝不敢冒昧而行，将来被打在隔墙中连冤都没处去申哩，对不？哈哈！

异性之间总有一些隐藏着的，无论一个人是这【怎】么样爽快、心直，这是不可否认的，可是在同性之间则一丝不遮。无论是好与坏，只要是志同道合，或者是知交，男子是，女子亦是，这是我对于人的生理现象的观念，志豪对不？你不否认吧。（这一点是在一本德国性医学丛书中看到的，我以为很对，这是自然性的发展。）所以光裕给我的信（长及四页）觉得完全是真情的流露，并无一丝含有虚伪与做作，太使我感动咧。他处在这种环境中，真的会使他堕落，而甚至无声无息的灭亡，他确实是感到烦恼与苦痛，要是换了我也逃不了，任何人都逃不了。站在朋友的地位当然不能看着他堕在火坑之中一无感动的，他想来上海，我们也很愿意他能早一日出来可以早一日见面，不用说，你当然更甚于我们。我早就料到他不能久居家乡，所以他预备回乡之前我也劝他还是在上海另觅职业，一时间力所不能，只好让他回去，前几次信上就告诉他替他在找出路，耐心一些等待，待有了确定的位子马上会告诉他的，不料他是怎【这】么急。

他说可以把他信的大意告诉你，可是我的笔并不能完全写出来，实在是不擅文章的缘故，只好委屈他了，大意如下：

1. 最主要的，我想你早就知道了，他竟说服了陈旧顽固而封建思想的老母，她老人家还十分赞成，真使我为你们高兴。忆及在离别之前我还对光裕说："要抱定决心终能达到最后胜利"，现在必【毕】竟是胜利了，那只等待吃你俩的喜酒了。

2. 还有他在家老母待他很优厚，可是他却不能享受这些新鲜而丰富的菜肴，真太辜负她老人家了，这是什么原因呢？当然不用再说咧,心照不宣,心病还得心药医呢。

　　3. 再次是乡间不很平安,今天是这一批要钱,明天是那一批来要钱,否则就加上这地方有×××,来一次扫荡大搜查,等于堂而皇之的大洗窃。

　　4. 是光裕跟我说笑话的,我们在每次信上除了正经话外都要加上一些笑话,这样也可以借此解解寂寞,正跟我们在谈天时一样,总得穿插一些笑话进去,大家笑笑。

　　这儿的时间是相当忙,但也不是一直忙不过来的,是另另【零零】碎碎的,总之不会有一个较长的时间可以给你写上一封信,所以是断断续续完成了这封信。又加上我不会写,字又草,太不能见面了,这话可又岂不违反了开头话不带虚伪和不爽快吗? 可是我确实不会写,太噜哝,不过我却不怕人笑,那一个人生就会写好文章,要是怕生怕死的怕人笑,那末简直不要再活在人世上,那岂不是什么都不会现羞,什么都不会被人笑了吗?

　　最后,我愿望你也能很坦白以纯洁友谊的地位上,能时时通通信,什么都可以谈,不要受拘束,时常练习写写对于文字的应用能进步,同时对于处世中是很能得不少俾益的。

　　要是光裕的信,你要看的话,那末下次寄给你,我的通信处"浦东庆宁寺上川上南两路管理会计室章纪静收"。

　　再会,祝你

好

肇元草
五、廿一

041. 顾久抗致余光裕(1945 年 5 月 31 日)

余光裕的同乡好友顾久抗供职于后方勤务总司令部东南区第二卫生大队,随部队进驻扬州。顾久抗写信给余光裕询问家乡情况,及李志豪、夏懋修的近况,并提到同乡陈友华欲投笔从戎请他介绍工作之事。

光裕兄:

多日未见尺素倾赐,渴念良殷,谅必碌于公务。吾兄业沪,于公余之际,作何进形,时切在怀,尚希有以见告,乃盼!

日昨接华兄来函,知彼拟于本月期终后,大有投笔从戎之概,果能如此,则可旧雨重逢,异地故人矣! 迩际吾乡情况如何? 想兄在沪,乡息较灵,亦希详为示知,至幸! 忆自国军收复长春后,此间情局顿露弛松,惟防卫工作,仍严肃如故,庶免意外。

李志豪小姐能否破镜重圆? 近有新对象否? 希不吝见告。夏懋修君有曾去台,现址何处? 亦乞■为见示! 端蒲节近,未卜作何度过,夜深人惫,容后谈达,即颂

筹绥!

顾弟久抗顿

1945.5.31 于扬州

042. 余光裕致李志豪(1945 年 6 月 2 日)

因河水干涸交通不畅,李志豪的 039 号信抵达凌湖又耗时半月。余光裕回信称乡间仍无合适的工作机会,并转述了章肇元、刘骅等上海友人关心他的处境、帮他寻觅工作机会的消息,至于订婚要等职业稳定、境况宽舒后再议。他还回忆去年 11 月与志豪在外面吃饭时互问生辰八字的情景,向志豪询问生辰八字去测算姻缘。

亲爱的珍妹:

你十八日发出的快信,始于今天收到。最近河水干涸,百官到崧厦的快船因之停顿,所以来回的信都很滞延了。我日前曾寄发四函,和廿七日托便人带到上海的平快信,谅你都可收到了?

在过去几天中我也接到好几封朋友的信,他们除了告诉我一些最近上海的情形和个人的状况之外,都会不约而同的提及了你。尤其是章先生在他给我的三封信中都十分怀念着我俩,他第二封信这样说:"你在乡的处境的恶劣的确也很使我关心,但是使我欣幸的你的母亲很同意你俩的事,我愿时局能快一点好转,希望你俩早些给我吃喜酒,尽我的力量去请托,无论如何我要给你谋个职业,使你出来能和李小姐会聚。你的个性我都知道,我可以信任你,我一定要帮助你,不要心急,你等着吧,等着我的好消息。密斯李有信来过吗?你俩得时时通通信才是呀……"其他如刘先生等的信上,都是洋溢着关切的语气,使我深深地感到高贵的友爱的伟大!

过去乡间局势的紊乱,我曾用隐语告诉你,其中比喻的意思,谅你定能看得出来。不过处于那时的情形下,即使是一个颇达观而安乐派的人,一旦到了行动受了束缚,失去应有的自由,而无生命的保障时,想他这时也许定会弄得心神不定,未许不有动乎中的。何况像我这种个性,对现实的不满比较更容易显现些,幸恢【亏】最近已稍较平靖些,我的心也早已安静了。珍,我很感激你劝勉我的一切,我一定会依着你的话做去。虽然我也深知忧烦是无用的,但在某种情势下毕竟会产生这些恐惧的忧烦来!

乡间详细的局势在信上也不便告诉你,现在仍没有适宜过去的机会,但我也不想在这里找出路。终之是环境的播弄,使我在商圈里连碰上数个壁,那些酸苦的味儿也够使人回味的,可是我并不"因噎废食",就此畏缩不前,自然该凭借我的微薄的力量,去努力、去奋斗。你的期望,我乃是出于你真挚的关切,正和你自身一样。珍! 我不会猜疑,这只有使我感激,要是你尚好虚荣,那我俩也的友情决不会至今日的阶段了,至多也不过成为普通的友谊而已。我俩的出发点既都不在这些,所以有的地方正应坦白直说,不必有所隐瞒,使彼此更能相互的了解,况且同时我正需要像你这样的鼓励。

可是珍,我很担心,很惶恐,以我这样平凡的无技能的人,会不会使大家失望? 在这样微妙的环境中,能不能预期亲爱的愿望? 努力努力,但同时还要系诸我的命运呢! 至于订婚的事,虽然我心中想能早一些实现,然而也得先把自己的职业固定了再行。当然可能也希望在表面上比较宽舒点,你所说的我都能了解,都能同意,因为我知道你决不是像某种另外女子。自然一个人都有一个人的苦衷,但是这些个苦衷待将后能作进一步的了解,把它彻底明白而加以计划。但事实上仍须视那时的情形为转移,比方说那将又是怎样的一个局面呢? 所以那时我希望能作进一步的了解和计划。珍,你以为对吗?

珍:

在第二封信上我曾这样说,"爱是无条件的",意思是为了爱一切都可牺牲,如果相信不因某些情形而损及爱情,即使是勉强得的结合，那自然谈不到圆满的结果，计较而铸成的爱，决不会永固的，不是出于真诚的。（这里的"条件"二字并非指浅狭的"条件"，它的意义十分广泛，请不要当作所谓的讲镜头的"条件"）又一句："真挚的爱情是永恒不易的"（这里的"易"字作变移的解释）。现在记了起来，顺便在这里再赘一遍，谅你不致以"重抄老文章"笑的吧！请你信任我，我是不会中途变卦的。

你要知道我的时辰吗？好！那现在我就老实的告诉你："廿三岁五月廿五巳时生"，请记住！

但是珍妹，你这两句："请说实话吧……不要虚说啊！"怪天真的语气不禁引起我一阵会心的微笑。难道如今你还不相信我吗？要是我瞎说，那还不是虚伪的欺骗吗？你想想看我撒过谎没有？不过我明白，这话正是怪够味儿的呢！是吗？没有这般意思的？

相反倒顺便又记起一件事，是去年十一月十二日国父诞辰日那天，我、你、还有杨小姐，我们于美琪看《潜艇会战》，出来到爱文义路的一家广东店里我们互问时辰的一幕，你能记得吗？那时的你呵，真乖哩！你笑迷迷【眯眯】的却推说："呵，我倒忘掉了，我不知道什么时候生的，以后告诉你好吗？"后来于是玉美说："呵！大姐在骗人了，不肯轻易的告诉我们乃是真的呢。"珍！我知道你又是在"怕难为情"是吗？因为当时你不说所以我也糊里糊涂的。回溯从前的情景，至今想想真是怪有兴趣的。现在我真诚的告诉了你，希望你下次也写信来告诉我。

"宿命论"虽不能全信，却也不能不信，但有时瞎子先生却非常准确底会把命运批了出来，使人置信"命运的注定"也许不无道理吧？珍妹你可对我说，是不是给我"排年庚算八字"？如果是的，那你亦须老实的告诉我，是怎样的命运。但愿宿命论早注定我俩是前世的缘份，应该结成永远的伴侣，那它真无异是"月下老人"，我俩的执柯者矣。

　　你在上海仍和前一样饮食很妥安,这是使无限欣慰的,你好,我更也能安静了。我近来的精神较从前好,看面色倒不怎样黑,有些人还说我比回家时白嫩!也许这是我蛰居楼上而少得出外的缘故,我的心境随着时局的变迁而渐趋佳境,请你放心!

　　当我接获你的信,和我写信给你的时候,母亲总老是笑嘻嘻感慨地说:"你们识字的人真幸福,虽然不见面,但仍可以用笔来互诉,赛过仍和见面一样。像我们这种瞎子(文盲),是多么不便呵,请人家看一封信,要说上许多好话,而且又不好将自己所要说全叫他们写上去!"我听了她老人家美念的口吻,终是报以一笑。

　　听说最近上海米涨到26万,一切更趋紊乱,未悉有否退一些?顺便望你提及,以免我远念。祝我的亲爱的,愉快。

2/6/34

　　此件与043号两份草稿书写于同一页稿纸上。

043. 余光裕致李志豪

除前信已有内容外,余光裕还补充道要在杨玉美的签名册上使用"余钦豪"署名。

珍妹:

你十八日发出的快信已于今天收到。最近河水干涸,快船不通,所以来回的信也就比较滞延。我日前寄给你四函,和廿七日托便人带到上海的平快信,谅你都可收到了。在过去几天中曾接着好几封上海的来信,他们除了告诉我一些最近上海的情形和个人的近况之外,却不约而同的都提及你,尤其是章先生给我的三封信中更关切的说:"你在乡的处境确也使我关心,但是使我欣幸的,你的慈母同意你俩的事,我愿时局给你们快点转好起来,希望你俩能早些请我吃喜酒。现在尽我的力量去请托,无论如何终得要给你谋个职业,务使你能够时时会到你的爱人,才不负我们相识的一场。等着吧,等着我的好消息⋯⋯密斯李有信来过吗?⋯⋯"其又如刘先生等关切的牵念,使我深感到友情的伟大!

目前乡间局势之紊乱,曾以隐语告诉过你,其中比喻的意思,谅你定能看得出来。像处于那时的情形下,即使是个颇达观而安乐派的人,一旦到了行动受了束缚,一切失去自由,而无生命的保障时,他这时未许不有动乎中,而仍能泰若自然的。不过我的个性,对现实的不满也比较容易显露些,幸恢【亏】近来已稍较平靖,我的心早已安静了。珍!我很感激你劝勉我的一切,我准会依着你的话做去。虽然过去受了环境的播弄,接连在商业圈里碰上数个壁,连打上数个浪,可是我决不即"因噎废食",就此畏缩不前的,自然该凭我一些仅有的微薄的棉【绵】力,去努力,去争【挣】扎。我知道你的期望,我正和你自身的期望一样,这我知道,我是不会误会的,何况这又是善意的鼓励呢!

有时我每觉得万分惶恐,像我这种处于社会的底层一个最平凡的庸人,他将会使大家失望不?在这样微妙的环境中,能不能预期他的亲爱的厚望呢?呵!努力!争【挣】扎!但同时还须系诸将后的命运!至于订婚的事,在我也以为先把自己的职业固定了,然后再进行。当然可能我也希望在表面上比较宽舒点,不过仍须视当时的情形为转移,比方说那时将又是一个怎样的局势呢?所以将来我希望在事先能作进一步的了解和计划。珍!你以为对吗?我想你一定以为对的,因为你信中也是这般意思啊!

曾记在第二封给你的信上有这样一句:"爱是无条件的"(这里"条件"二字并非指狭义条件,它的意义十分广泛),意思是不因某些情形而损及爱情。爱,它乃是一种自然的结合,原是不应有一些些勉强的什质掺什在里面。凡是真挚的爱情,自然是永远不变的。深恐上次的辞意不易了解,再乘便补充一下,谅不致以"老文章重抄"笑的吧!

再告诉你一件事,以后在某些地方,我拟用这个名字"余钦豪",你看好吗?杨小姐近来有否碰过面?我现在有廿二个字,请你以钦豪的具名,代在杨小姐的签名册上补题一下:

"以静敏的头脑去应付环境,用真挚的情感来进展友谊。静真女士惠存。钦豪识。"

此件与 042 号信内容大致相同,亦为草稿。

044. 李志豪致章肇元(1945年6月3日)

李志豪回复章肇元040号信,恶劣的环境阻碍青年的前途发展,上海电力限制也影响李志豪工作的路易厂的金币生产,李志豪请他帮光裕留意上海的工作,并常寄信慰问光裕。还问候了章肇元的女友施小姐(即铭)。

章先生:

顷接大札,喜乐极也。本来皆是面熟客,用不着那么你所云中的一套虚伪受拘束,我亦是爽直人,已成为知交友,任何言语多可吐露实情。俗语:"家有亲戚多,不及知己一",同性如此,异性亦是如此。

孤岛现遭袭着恶劣污气的时局,尤其是电力的关系,使金币生产力受着极大的影响。天赐的解散,你和光裕不得不作暂时离别,这大概是时势所造成赐降现代青年,陷碍青年前途之光明,章先生你以为对否?

这次光裕他和你们几位良友暂别出于不得以,现皆是各奔前程,而光裕他在家休息,心中定觉得烦躁,当然也和你章先生一样如的鸟儿般飞奔东西,青年人应该如此。不过他既在此时势下,只得回故乡,一则可以望望多年不见年迈的老母及年轻的幼弟,二则去瞧瞧现乡的时局,使他亦是回家的一个机会。可是他处在目前乡村的环境下,生活是一定很臆腻,应欲找寻职业,或者在申地拜托你章先生替他留神空位以免他堕入火坑,章先生是吗?而你亦是他最投机的一位,据他常常说:你和夏先生是他的真挚诚热底知友,并不是我在此笔杆上虚假表示,是确实的啊!

章先生你那边工作很忙碌否?但在工作繁忙之间请你常常寄信

去慰问问他,可以吗?

最近和施小姐见面否? 我站在此地,希望你们早点给我们喝杯喜酒,何时佳音入耳矣?

讲到我们那是还早啦! 因你们友谊曾达几年之间,应欲你们举先! 是啊!

章先生亦过份谦虚啦! 字句的美妙,言语底趣味已使人钦佩,何必再用那么俗套写不好的文章客套话呢? 以后请不必如此。余言下次容禀,遇见施小姐代问候她安好。敬祝
安泰

志豪手书

6.3

045. 余光裕致李志豪(1945 年 6 月 3 日)

　　余光裕听上海回来的乡人说,上海情形恶劣,米价逾 30 万,故不打算早回上海。他还为志豪担心,希望她也离开上海。

　　这信本拟托便人带申,嗣因该人称最近申地情形愈趋恶劣,米买卅余万,所以拟暂缓来沪,而这信也多搁了几天。但是我自听到这种消息之后,心里又万分不安起来,我们乡间的情形又偏不怎样好。呵呵,我将何以使远地的故人离去上海呢? 心有余而力不足,我真感到惶恐。

　　珍,但是你也不要太担忧,也许这种局面决不会久长,"船到门自然直"■■终得想法子。现在我只好祈祷早些平靖,祝你和伯父母安宁,这是我所日夜祈求中的。

六月三晚

　　这信写好了又搁下几天,本来想托便人带申,嗣该人称最近上海情形更恶化了,米飞涨到卅多万,所以不拟赴申。但我自听到这种消息之后,稍静平过来的心突时又万分的不安起来,我将何以使远地的故人离开险境? 然而我们这里也并不安靖,米亦须十六万元! 不过这种局面决不会久长。

　　此件为草稿,纸张背面的残稿与正面内容基本一致。

046. 余光裕致李志豪

余光裕夜里失眠,用散文式的优美语句描绘乡间夜景,但他并不眷恋乡村景致,盼望能回到他思念着的李志豪的身边。他还抄录了一段自己的日记,鼓励志豪去表兄吕光川处取他的会计书看看,以增进学识。

夜幕已骄傲地笼罩了整个的世界,万物在静悄悄中消失了真形,只有田间的青蛙得意的擂着紧张的战鼓,打破了沉寂之夜。渐渐地从云隙里露出一个明镜般的月亮,偷偷地流泻在山林间村落里,像给宇宙披上了一件鹅白色薄纱。飞过的几个萤火虫像失去了平时在黑夜中的威风似的,往荫暗处逃,一隐一现,霎眼间的会看不见。河水被微风轻轻的拂过,漪涟中反射出粼粼的银光。虬龙般荫浓的大树,斑驳的树影在草地上移动。啊! 这沐浴在月光下的原野是多么的清娴幽静美丽生动呵! 这时我呆坐在窗口独自的看着、想着,月儿开玩笑似地张望在天空里,清水般的光会透过人底心,会掏换人的烦闷,我的脸被照得清凉般地好似今晚吃了兴奋剂似的不想入睡。幽默的凉风有时亦会跑过窗子,到你的帐子中来吹着,叫你爽快。叫不出名的虫"吱喳喳喳"地在长了草的泥墩旁竹笆下唱歌着,还有蚯蚓"呜呜呜哀哀"的在嚷着苦。绿阴的竹林也好似骄衿着,被风吹得凉快抖擞着它垂俯着的头,渐渐地逍遥地发出了轻脆的声音。人们差不多都醉入了他甜蜜的梦乡,死静一般地,好像已脱离了这单调的有界限的世界,再不会回想到时代的可怕了,然而有的人(我也在内)终逃不出这暂时向那苦的忧愁的彷徨的消极的环境呵! 我难道眷恋这自然的诱惑而蛰居下去吗? 我不是将会遭时代的淘汰吗? 为了要想多求取一些学识，为了要谋一■发展，为了亲爱的珍，虽然是恶劣的地方，但我还会冒险的赶了出来，只要凭借我坚忍的心。

珍，这时我真不想睡呢，最好能和你并肩的诉述着、欣赏着，以我俩的影子来点缀这个夜晚，那不是更美丽子么？有意义吗？然而这里虽时不能，你在很远的上海，唯有但未来的几个圆月里，我俩至少也得到在中山花园的一隅去找寻这类似的一幕来吧！在那边来填补今日残缺的理想，珍，你等着吧。

珍！我写了这许多"夜"话并不是有意在噜嗦的描写，我的意思是要想使你也能现出我眼前的乡间的轮廓，因此将见到的都写给了你，使你能想像出我这时正在坐【坐在】月光下的一张靠窗口的小桌旁，上面放着一盏微弱的油灯，以斜卧的笔杆在懒懒地写——写这封"夜"信。

日常我没有新的小说可以看，所以只好看一些从前的老书，或研究一下会计概要，聊以自娱，有时会在床上看了一个早晨，虽然我知道这未免对身体不大适宜，但这缘因我可以摘录日记的一段给你看：

"一片清脆婉转的鸟声唱醒了安睡在甜梦中的我，在方天上伟大的红云照耀着自然界的一切一切，初夏的微风轻吻着鲜绿的竹叶，抚摸着河面的水波和田里的稻秧。这是一个多么美丽祥和的清晨！推开了■窗，充分的阳光从帐中透达到床上，显得十分气朗，我顺手取着枕边的一册《飘浮》安静的阅着，竟会忘去了疲惫，忘去了忧烦，倾神的阅着，而懒得起床，待母亲从街里回来时，都已日上三竿矣。……"

你在工作之余看一些什小说如果你愿静心研究，不妨将我表兄吕光川那边的一册《初级薄【簿】记》取来看看，这是会计的初步，乘暇看看倒也多可增进一些学识呢！讨厌的蚊子在叮咬了，我不欲再赘繁下去，再会吧。祝你晚安。

　　此件为草稿，信纸中缝印"天生祥"。

047. 李志豪致余光裕(1945 年 6 月 8 日)

邮路稍有恢复,包括 046 号信在内,余光裕共计 5 封信到达志豪
手中。李志豪回信祈祷上帝保佑余光裕能回上海任职,还提到章肇
元与她通信的事。

钦哥:

握别以后,将近两月矣! 虽然是短短一时,而好如相隔两年之
间。你远在僻寂清雅幽美的乡村,我还在瘴气恶繁污浊的孤岛上,
仅仅一钱江之隔,使我俩不能朝夕相见。钦哥,你在那边觉得
如何?

你的统计五封信都已接收,字句的动人,天然的描写文,言语底
妙美,使宇宙的景物成为一幅大自然的生物。尤其你的描写景,引起
我模糊地一幅天然伟大的乡景,逐渐地好如入仙界境地一般。我愿
望将来做一个乡下的村姑,过着那清静平舒的生活,不过此是理想而
与事实不相符,能有此日否?

钦哥你何时返申啊! 珍是仰着头而望穿眼期待你,可是你有此
返申的思想否? 假如你在乡有相当的位置,那你迟些出来亦毋欲紧,
只欲你朝日来函告之,以免我在申眈望。最好我祈祷上帝保佑你在
申供职,我俩也可以日常见面。钦,你有没有托章先生替你谋事啊?
珍是希望你在申有职业,你可愿意吗?

章先生的信我已接收,他的言语太属于趣话了,真会写俏皮话。
覆函已去过,但他的来信中地址写得差清楚些,回信的地址未知可曾
收得到否? 钦你来函时将章先生的地址端正地抄填出来,使我瞧了
也得明了些。余言下次容禀。敬祝我钦

健安

志豪手书

1945.6.8 晚十时灯下

048. 章肇元致余光裕(1945 年 6 月 8 日)

　　章肇元将李志豪爽快回信的事告诉余光裕,夸赞李志豪 044 号信中替光裕美言。章肇元联系表叔为余光裕谋事,正在等待回音,要余光裕改掉草包性子耐心等待。他还提到旧友去向,蒋耕声要去濮院做生意因金条疑似失窃而返回上海,在黄渡摆摊;夏懋修有家眷不便远行。

光裕兄:

　　这是我来浦东后给你的第 5 封信。

　　你的第三信 5.24 反在后(第四信 5.09)到,是在星期一才收到。这是前者你在乡间投发的缘故吧。

　　意外的收获是李竟这样的爽快大方给了我的覆信,真是以前在到天赐的情形观之判若二人,这大概是女子当面老不出怕难[为]情。(我在上星期二投出,预计上星期四上午送到她家,上星期日她回家可以看到,而在这星期三,就接到她的信,可知她收到信就写回信的。)

　　她的回信也相当的长(比普通的较长),主要的意思是她很为你担忧,但是你的回乡,她却不承认是不得已,替你辩论说你已经有好几年不见老母和幼弟,而离开家乡已久,应该有这么一个机会给你回家看看现时局的家乡情况,和慰问老母及年轻的幼弟。你看她是多么的帮你说话呀,我真庆幸你一交异性就能得那末一个知己,你在这一方(面)言,可说是一个幸运儿了。

　　她除了这主要话外,无非谈一些生活程度高涨之类。

　　哦,还有重要的话,她要我常常写信给你,以解寂寞,可知她是非常关心你的。她大概是三日二头有信给你吧,至少是很多的吧。

前信我提起你母亲答应你俩的事,连带向她讨吃喜酒,这当然是说笑话,我相信你们决不会这么快的。她的回答却也妙,她说我与铭已经有这许多年还没有给你们吃,要待我们给你们吃过了再吃你们的。那末我不给你们吃,你们也就没有给我吃了吗?那岂不是一定要逼着我们了吗?要是成全你们早给我吃喜酒的话,那真是笑话呀!你们的事谁管得了你们呢?

她大方之中还脱不了女子气概,还有些虚伪。

明天又是星期六了,我又要回到上海去,同时今天接到表叔一封信,他叫我在星期日到他家里去,不知是否为了你的事,还是另外有事,待下星期回来再告诉你。

至于老蒋自扬中返申后没有几天就到洮院,不过又没有几天又回来了,原因是他去洮之前她母亲有一包金饰叫他拿去待用,而他说到了洮地看情形要用可出来取,后她母到底年纪大了不知放在那里,当是失窃了,急得要命,写快信给他,才又重回上海,结果洮地生意也没做,因为她不放心他再去了,家里没有人照顾。上星期日去保源,老祝告诉我,老蒋在前星期六来保源过,现在在黄渡摆设布摊。

又夏先生最近仍没有信,大概没有远行,原因不外有家眷,而又拖了这一大串小孩。

最后,你要耐心一些,修养你过去的草包性,要慢慢的改去,否则是到处有吃亏的。我觉得我自己比十年前进步多了,当然年龄是大有关于的。祝你

夏安

肇元手草

六、八、下午四时

049. 章肇元致余光裕(1945 年 6 月 21 日)

上海米价仍在上涨,章肇元薪水只及伙食费的三分之一,他劝光裕不要回沪,自已也计划去内地学校读书。章肇元未能帮余光裕在上海谋得职位,便请义弟胡为民在宁波留个职位。章肇元在信中告知胡为民的通讯方式和基本情况,因与宁波通信不畅,还附寄了一封推荐信,让余光裕与胡为民联络时一同寄去。他还想托女友铭去看望李志豪,来征求余光裕的同意。

光裕:

今天又收到你一封信,而你的信使我接读一封,难过增加一分,在这种年头中我人遭受的人祸已不少,却还要"幸逢"这天灾,真要制我人于死地,那有快乐可谈。

你的事我当然非常关心,可是我的力量的渺小真不能再勉强了,一直到现在还使你失望的很,于心甚愧,我实在知道不能再久等了。

日昨收到昔日知交,也就是我口头称称而尚未举行仪式的义弟,今收你信,我就想到了他,他离你家乡也不甚远,那儿你可以去,我也觉得是你应该去的地方。上海并没有过去好,还是可能避免就避免。米价这二天来比较低落一些,但也要七十万左右,最高价到过九十余万。我在这儿也住不下去了,一个月伙食要十五万左右,是最苦的了,而薪给只及上三分之一,所以我不希望你来,就是有配给米自己吃了差不多唎,并且常有脱期,那有什么干呢? 故我大概就在最近要远行,就是到内地去读书,前次我说过的那只学校。

我的朋友很热心,他与我差不多很直心肠,不过他做事比我想得周到而有把握,他比[我]强多哩,你和他在一起是很有裨益的。他现在也在当会计工作,他是我昔日的同学好友,他的所以读会计还是由我的关系。他现在生活大概很好,他虽没有告诉,他可还在维持他的家庭,他已经结婚了,女孩子已经有三岁了,我觉得你准定到他那里去好。我已经写给了他一封信,把你的大略情形告诉了他,通信处也告诉他了,我说把你交给了他,一定得插一个位子,帮你的忙,也就是帮我的忙,这代价等将来还他,叫他写信给你。现在把他的通信处也告诉了你,是"宁波柴桥五马桥(桥名)胡大昌号胡为民"收可也,柴桥是一个市镇名字,在宁波东门外。从宁波到柴桥,在过去四年前我走过,在东门大河头趁【乘】汽船(拖好几只航船)到天撞【童】,走过玉皇寺到璎珞河头,再趁【乘】更小的汽船,直到柴桥镇,现在这条水路不知还有汽船没有,要是没有了可以雇小划子。不过,据他的来信上说,我在天赐给他的信,待他接到已三个月,这几天去信比较能快一些传到他手中,不过他说这几天已经是半个多月以前的话了,能不能给他马上看到还不可知,总之你收到我的信你可以马上给他一信,或再隔几日再去一信,总之信多他也急一些,好一快成功。现在我附短信一封待你给他信附给他,恐怕他先收到你的信而我的迟到,弄得他莫名其妙。

　　李那里我就给过她一封信,她的近况如何当然不得而知。铭却为了她自己的事也很忙,实在也没有空闲可以去看看她(李),我想待她有空的星期日叫她去望望李,望望当然是名誉而已,那是代你去看看她,探听她近来的行动如何? 可有新的朋友? 我想让铭与她多接近一些,同性间很能探得事实的,你可以拿我们自己来比较一下,可想而知哩!

　　再会祝

好

肇元上
六、廿一、

050. 章肇元致李志豪(1945 年 6 月 25 日)

章肇元写信告知李志豪,已把余光裕介绍到宁波去工作,讲述自己与胡为民和他表姐之间的旧事。他还说铭事忙不能来李志豪家,托他代为探望,问李志豪周末是否在家。

志豪:

承你不弃,能如愿预期收到你的芳函,并认我为知己之一,心里真高兴,恨相见晚也。

"人事莫测"谁能料到呢? 天赐的解散使仅有的三四人各自东西,而连累了我们也再无机会见面,真是憾事。想你近来的生活还是照常吧,工作一天天的过去,一礼拜休息一天,只少了在休息日与光裕聚谈游玩的一节功课,那末现在改作何消遣方法呢?

如意算盘总是打不通,我很想光裕兄能回上海来,使你们重逢,可是我入社会尚浅,力量的不足,暴露于眼前,一时无法妥觅一职,让光裕兄屈就。而近来米价狂贵,更是骇人,而又加时局时常变动,倘使虽能得一位子,而受变动于至失业时,流落他乡奈何? 为长久计,今已介绍他到宁波去了,不过现在还没有去。

我一友,是昔日同学过,后与他的表姐又是同学且同班,我们的感情都很好,在她表姐家中碰着他,经她表姐的介绍才认识他,并知道同过学(以前因不是同班而不认识)。而每次去她表姐家中总是碰到他,看见他们很亲热(他们的家长也已默认未来的夫妻),可是他的表姐和我也相当接近,我们已经站在三角地位上了。后来在他的表弟(是她的弟弟)口中得知他们过去的罗曼史,我就让步了,不再有什么野心,但是以纯洁为友谊而交友上来往仍很密。他呢,以为他的表姊已倾向于我,也让步了,并且和我很好,结果我们二个人为了他的表姊大家让步反而结为知交了。他的表姊却都被我们二人放弃,后来到重庆去和他表哥(她的哥哥)服务的那家厂主结婚了,高中毕业生而嫁一个目不识丁的暴发户,那如何太可惜了,现在已经是有四个孩子的母亲咧。

我与他(胡君)因她的表姊的关系结为知交之后,差不多天天在一起,连钱也不分你我,真是有福大家享,有难大家当,只差一仪式的异姓兄弟。那时还有一个异性也参加,我们三个人称兄道妹的,我最大,陈小姐行二,胡君最幼。陈小姐现在在江西,也已经结婚,介绍人还是我哩。话说远了,来讲光裕的事吧。

在四年前我向浙西去,他到浙东去,就此分散了几年。他在那里很好,是在最近他来了一封信,他虽不明白告诉我,我可猜想得到。因为我今年写了好几信到他家里转给他,几个月的信到最近才看后给我一封回信,他知道我在"这里",他对我存有很骄傲的语气存在,所以我猜他在那里很好。而离光裕家乡也很近,所以把光裕介绍到胡君那里去。上星期已经同时投出信,让他们直接去谈,我知道胡君在我分上的朋友,他一定肯出力的,过去是如此,现在亦必如此,何况"那里"还需要人,他要我去呢。我想不久就可得到他们二人的回音了,可是却害了你和他,不能给你们马上见面哩,会害"花露水"病吗?抱歉之至。

我现在在这里也有些住不下去了,想到内地去读书,这意思十九已经决定,就在这暑期中去,要是一旦实行了,那末我们真的再无机会见面哩。

最后,铭叫我代望望你,她为了家中事实在太忙,星期日还得去教书,抽不出空来看你,你每星期日返府上吗?

再会吧,祝你

好

肇元(纪静)草

六、廿五、晚

字写得太草咧,而且漏字也很多,你会说我"这个人这样马虎折【拆】烂腐呀!"

051. 曹关海致余光裕(1945 年 6 月 29 日)

    曹关海是余光裕的同事,公司解散后曹关海返回家乡苏州黄埭,与余光裕同处失业寂寞的境况,写信问候余光裕在乡间的近况。

    光裕吾兄如晤:前奉寸缄,谅蒙台察,只以未获回音,深以为念。

    兹弟因公司解散,已返苏,在乡间如吾兄一样,正是寂寞之至。然未卜吾兄近况如何? 很为挂念。时际仲夏,贵体宜自保重。弟在乡还好,请勿念。有暇请赐教言,不胜企祷之至。专此,敬请

大安

弟关海寄

伯母代为问安。

    此件有信封,包含以下信息:

    信封正面:

      浙江百官崧厦凌湖亭子前庙南路念号交

      余光裕先生　启

      六月廿九　苏乡曹寄

    信封背面:

      回信处:

      苏州齐门外马路桥永舫茶社收,转交皇浩泾航船收,转交鱼池岸恒丰顺号,交曹家里曹关海收。

    邮戳:

      江苏　三十四年六月三十　黄埭

052. 蒋耕声致余光裕(1945 年 6 月 30 日)

同事蒋耕声在天赐解散后去扬中创业不成,又赴濮院投奔夏懋修,因夏懋修的夫人不愿他们再合作做生意,蒋耕声又返回上海黄渡与亲戚摆布摊。信中另谈及旧友去向,祝明珊和朱尔开在保源做汽水生意,章肇元仍在浦东公用局铁路部门服务。

光裕兄:

顷接尔开兄转到一函,籍悉一切。弟自扬中未成,即赴濮院,结果因夏师母不愿合作,使弟孤单一人难以成事,当时该地未居数天即返沪。现夏先生在乡整顿酱园事业,到内地恐不能成功。而弟返沪后,仍返黄渡与姐丈磋商后合设一布摊,现属夏令,营业亦很清淡,未知到秋后有否希望。今在乡生活还能过去,以劳力来换饭吃,终比依人作嫁为畅快。

今明三及尔开二位仍在保源,另设气水生意,近日未知营业如何。而肇元兄仍在铁路服务,进益仅能个人开支,近闻有往内地之说。兄致夏及章二函弟均悉,乡下情形处处相仿,如能在乡若度,则过此夏令再说。因上海生活太高,谋事亦不易,夏自接兄之信后亦无法可想,而章虽曾为兄极力设法,但亦无希望。弟虽设摊作小买卖,但亦非久长之计,更因今日米价大涨,生活艰难,以致精神不安,本想早日来信问候,奈因弟之地址亦未难定,现兄若来信,请寄黄渡西市梢鼎成毛织厂转交可也。即此奉覆,顺祝
夏安

耕声上
六月卅

此信页脚印"昭和　年　月　日　堀　用笺"。信封包含以下信息：

信封正面：

　　浙江百官崧厦凌湖亭子前庙南路念号

　　余光裕先生收

　　黄渡西市梢鼎成纺毛厂内

　　蒋耕声发

邮戳：

　　HWANGTU　三十四年七月二日　十八　黄渡

053. 余光裕致李志豪(1945 年 6 月 30 日)

乡间旱灾虫灾,余光裕心境烦扰,久未给李志豪写信。余光裕认为上海必有一战,担心李志豪的安全,再劝她家搬离上海,去亲戚家暂避或来凌湖。还提到夏懋修、章肇元近况,希望李志豪与铭多交往。

珍,为了自己感到没有好的心境可以告诉你,同时也不忍多使你为我增加忧烦,所以我实在懒得动笔。自这一月以来,每一日时刻里,可以说全被一种万分杞忧的惦念占据着,总使我不能有一刻安静过来。上海如此动荡,米价如此暴涨,而你家仍不迁居,真使我梦寐不安的焦虑着。依据现在的形势看来,上海虽不致短时内登陆,但如果某方不肯撤退的话,这厄运迟早就终要降临的。即使能侥幸的避免了,可是米价问题的严重也是同样的可怕。我就近看到几种报纸都说将来的米价只有上涨,决难平复过来,现在七十余万已使多数人家有断炊之虞,要是万一到了某一时期岂不是真的唯有枵腹待毙吗?全上海的市民正是为这两个问题在惶忧不靖,大都数都已纷纷离开上海,到别处去暂住一时再说。因此我很为你家的留居在担心。我想到了目前这种危急关头,的确不能再有所踌躇不决的迁延下去,虽然其间各方面都有困难,许多地方感到不便,然而事实展在眼前,迟一天只有多增进一些危险,我希望你家应该要未雨绸缪的有所策划了。你不是说过拟搬到你姨母那边去吗?像现在这种局面,下到那边去暂住一时原是很对的,我愿你家能早日实行。倘使为了上海的房屋器具等无人照管,以及你自己的"职业问题"而不便与伯父母同去的话,那不妨自己权且留在上海,因为单身还比较差些。如果你一个人在上海,到那时真的日紧一日的不见宽松,而交通也更不便起来,这时你可写信给我,说不定到我乡间的交通(不是转宁波或杭州,现在我们是转道闵行而渡钱江的)不致阻塞,那你到我家来好了,到了环境转好时,伯父母方面仍旧可以来申,或慢慢的设法相聚一处的。在千钧一发危急万分的现时,为了受到环境方面的种种不容许,暂时的离别下原也不好算得了什么,总之这些都是适应环境不得而已的暂策,自然还要有待你仔细策划和考虑过的哩!究竟拟怎样,我等着你的覆信,你能把迁居的计划决定了,我也就能放心不少。

至于我在乡间仍是没事的敷闲在家,上海的几个朋友的来信都说市【时】局不好,赚些薪水不够维持个人,叫我暂不要来申。夏先生六月一日的信说,他为了各种缘因未曾远行,据说一二天内就要到别处去谋生,到了那边如情形好会写信来叫我。章先生共来过六封信,昨天一封是特地托便人带来的,意思是上海的物价使他难以立足下去,他就拟离沪远行,到内地去读书。他为我曾四处请托,代我找寻职业,兹因沪地实在恶劣了,所以特地写信给他的宁波的一位义弟,叫他在宁代我找个职位,他以为我以后还是到宁波去暂勿赴申为是。

他这般关切着时时的写信给我,真使我非常感动,而他的信上每次都道提着你,你给他的信已收到了,八日发寄给我的信我也早于廿四收到。他的地址恐怕要更动,以后你有信可以从铭家里转,因为铭也许能知道他的地址的。至于铭那边希望你时时去去,像和这种人交友至少对你是很有裨益的,况且铭对你的印象据说是很好的呢!

前几天这里闹着旱灾,幸于端午以后接连下了几日霉雨,河里已有了水色,田作也几险被晒死,不过总要逊色而歉收的了。大概现在是种田人家的厄运时期,一浪方平,一波复起,这两天茧田里又大闹着虫灾,所有茧几乎被蚕食一空。啊!兵燹之灾不够,却又受到这种灾害,真是祸不单行,要置吾人于死地了。但是这些眼门前事我倒并不感到怎样忧惶和严重,我所最感到不安的那莫过于使我看不见的事情(上海的米价及你家迁移的问题等),唯有能听到而未能援助和亲自看到的事,才是真正令我日夜惶忧中的。就是这几种原因使我无好心境,使我隔了这许久才写信,我抱歉! 我惶愧! 珍料想你此刻的心境也一定和一样的骚扰。你也不要太忧伤,应该快策划,能把这事弄妥了,也许你我都能安心些。如有困难处更望你当我兄妹似告诉有些地方请你尽可当我像自己兄妹一般似的,把有些困难的地方也告诉一些给我。

　近来天气更酷热得利【厉】害,像我不做事□□汗流满头,难过非凡,你应该格外要当心。遇热闷时,宁可静着心多扇扇,尤是炎夏的饮食,更须注意啊。伯父母大人谅都安健,希你多加安慰,多加商酌,如何去应付这现时局的危机?
　至于我到底到那里去谋事呢,我还没有目标,没有决定。自然我心中也恨不得能到上海来做事,可是事实上恐怕暂时还不允许我这样,终之一切是环境使然,那时我是写信给你的。再祝
　好

　　　　　　　　　　　　　　　钦
　　　　　　　　　　　　　卅四、六、卅

054. 余光裕致李志豪

　　余光裕将回乡的交通路线和联络人信息写信告诉李志豪,如上海情势危急,可按信中方法来凌湖乡间投奔他,或写信等他来接。

　　取道闵行渡钱江的路程是由我们乡间一位信客包办的,因为江边的帆船是要集成多数人才开,所以我返里时也是诺允向他接洽,或打听另外做单帮生意的同乡全归(问吕光川可知)。这信客来去无定,地址是在宁波路河南路口兴仁里衡通钱庄,名叫潘双龙,如人不在,问别的人也知道路程:他们雇就长途汽车,由宁波路弄口直放闵行(华中汽车放闵行也有),到闵行趁快船到曹泾,走三里路到张家沙(海边),就是趁帆船渡江的地方。只有这帆船要集成多数人才开,渡过了江就是近我们乡间只不十四五里路矣。旅程最快时只二夜,但有时三四夜未定,川费约六万左右,万一上海危急你可托他带信,或与他同来。*最好先写给我,待我现来上海接你。*

　　此件为草稿,纸张中缝印有"天生祥"。

055. 余光裕致章肇元(1945 年 7 月 1 日)

　　余光裕收到章肇元托人捎带的 049 号信,为章肇元关心他的职业前途而感动落泪。7 月 1 日,他按章肇元信中所说,给胡为民寄信,并写信告知章肇元,希望日后也时时通信,保持友谊。

元兄:

　　廿八日收到你托便人带来的两封信(另一封是致胡君),当我读完了你的信时,我禁不住涌出了满眶热泪,滚滚的往下滴来,顿时使旁边的母亲等发觉了,而引为非常的惊异。我知道这是一种懦怯的表现,奋发的男儿原是不应有此的,然而我在感到自己飘零的身世之余,觉得你的对我的一切实在太使我感动了。

　　我委实再抑止不住这起伏不定的情波了,只有报之以泪,为了我已久累你奔波的请托,复在万分恶劣的心境下不时的写信给我,使颗脆弱的心蒙上温暖,恢复希望,但是现在你也要走了,而且又走得很远,你因敌不过高生活的威胁而拟离沪远行,竟在这样的情形还要顾及我,复将我转烦到你的知友的头上去,□是我的情感在不住的起伏,终于你的真诚的待友委实太好了,于是我终于不能抑止起伏的情绪而黯然的落起泪来。

　　你确是我的患难中的知己,在这恶劣的环境下骚扰的心绪中,却还为了我的事在四处奔波的请托,而又抽出时间不时的写信给我,使我一颗脆弱的心蒙上了温暖,燃炽着希望。如今你要远行而又将我转烦到你的知友的头上,这真使我如何过意得去,我将如[何]报答你才好? 看了你满流露着关切的谆谆的语意,我终于再难抑止起伏的情波,于是流出了感谢的热泪。当我依着你的话立刻写就致胡君的信,并将你带来的一封也同时寄出了,现在这种势口要找个职业的确是件不易的事,也许过一日子他会来信,不过我觉得托一个没有见过面的朋友总觉得有些惶憷似的不好意思,虽然他是你知己的朋友。

上海既如此动荡,米价如此猛涨,使我听了心中心非常难过,日夜感到忧闷。我知道上海早非乐土,已无留恋可言,但我好像还有许多事情使我难以舍去。我最担心的也就是上海的几个朋[友],也许会因环境而四散的飘离了,甚或因疏离而淡忘了啊! 茫茫四海何处觅伊人? 正为了这个问题引起我无限沧桑,使我心痛也使我梦寐不安!

我觉得你的远行去读书在眼前的环境自然是极好的计划,何况那边是能增进你的学识而于你前途又很有希望的呢。可惜我没有这资格可以跟你一块儿去读,不然我岂肯轻易的放弃这样的一个机会? 以后我担心准会不容易多接读你的来信,至少邮汇也不能再像有如上海的迅捷,我总恳望你仍能多通信,毋以邮递的不便而减少。那是我所盼祷的。

近来天时酷热,祈善珍重。匆匆不尽,敬祝
鹏程万里

光裕

卅四、七、一

056. 余光裕致胡为民(1945 年 7 月 1 日)

余光裕给胡为民写信,称自己与章肇元两度共事,因天赐断电倒闭而回乡赋闲,章肇元推荐他来宁波工作,请胡为民多多提携。

为民先生:

写这信时我总觉得有些冒昧和愧惶! 但依据肇元说你是他的知己,所以很热忱帮助人叫我写信给你,但当你接获一封没有见过面的朋友的信时,也一定会感到惊异吧? 肇元兄是我二次的同事,我俩的感情可以说得上是不错的,自我返乡后短短的二个月半中他给曾【曾给】我过六封信,他的关切我胜过同胞的手足,为了我的事累他在各处请托,而现在又要累及他的知己朋友,这真太使我感愧交集了。

我和他第二次同事是在天赐药厂,那时在几个志同道合心意契合性情爽直的朋友中做事,本来十分愉快,其间我也得到他不少的指引和进步。可是好景不常,毕竟受了恶劣环境的破坏,厂中断了电,而迫使我们于无可奈何的分离开来,尤其是我更打回这偏僻的故乡——可怕的老家,度着这种苦闷的敷闲生活,一个年青人在这样高生活下,我一时找不到事情所以只好打回偏僻的故乡——老家在这高生活的威胁下,失业后的心境,敷闲着的苦闷,那是可以想像的不言可喻的。

前日接到肇元兄的信,据说最近上海的市面更恶劣,米价飞涨至百万,靠些薪水不够维持个人,不日拟离沪远行,所以叫我也不值得赴申谋事,一方面也因并且要找个职位□了,他说你是他要好的朋友,而距离□□乡间又不怎样远,已有信托你在宁波给我谋事,一方面也叫我常□写信给你,也许,"我已托一个在宁的知友给你在那边谋事，这人很热忱，也很直爽，你可以把他当我自己一样写信给他，谅他一定会同情你，会帮助你的，如你能在他旁边做事，也能得到很多的裨益和进步"。

　　在上海时肇元兄也曾时常谈起你，我虽没有看见过你，但在我的脑海中至少已有了一个模糊的轮廓——钦慕的印象，因此不揣冒昧的以毛遂自荐，希望你加以提携，将后有所成就，真感激不尽了。不过我知道在目前要找个职业殊非易事，但在我只要勉强渡过个人生活也就，能多认结朋友，多求取一些学识，也就心足万一。那边一时难以找得机会，也希望你不嫌孤陋，能不时的通信指教，这是我所盼祷中的。

卅四、七、一

　　此件为草稿，与 055 号信同种信纸。

057. 余光裕致铭(1945年7月1日)

余光裕写信请铭代为转交055号信。报纸载上海有美军登陆之忧,余光裕也劝铭早做搬家准备,并希望她帮忙探望志豪,时常通信转告上海近况。

铭小姐:

光阴真是无情,别来忽将三月,谅你起居定是安好。今附肇元兄一函,烦你转递,如已远行,或仍在浦东,则亦盼代为转寄。近来看到好几种报纸都登载上海市【时】局恶化,人心杌惶【陧】,虽短时不致登陆战,然如人方不撤退,迟早总难免遭到厄运。并且将后米价问题的严重亦与前一问题同样可怕,听说目下七十余万已使多数人家有断炊之虞,若再将疯狂上腾,讵非唯桴腹待毙乎? 因此我很为你们留居在上海而担忧,未悉你家有否拟迁家的策划? 也许现在已稍转平过来,这我可未知,不过报上的所谓"确不致玉石俱焚,亦将成道旁饿莩",这两句话使人看了十分寒栗可忧,但也许未免太说得严重了些吧。现在我除了祈祷上海早日恢复平靖外,希望你家及早能作一应付未来厄运的准备,有暇望志豪处时加指教,同时也希望你能时常告诉一些上海的近状,不时的通信,那真不胜感盼矣。

祝　安好

光裕

卅四、七、一

此件为草稿,与055号信同种信纸。

058. 顾久抗致余光裕(1945 年 7 月 4 日)

5 月 25 日顾久抗部队开拔,6 月 4 日在龙泉因物资不足停留,后又经浦城、建瓯、南平,7 月 4 日已抵达古田开展工作。顾久抗写信让余光裕介绍夏懋修与他认识。

(此信递乡后倘兄已不在,则当由令堂转寄,收到后望将现址函知为盼,俾来函通音耳。)

光裕兄:

弟于古四月十四动身,经崎岖之山道,峻峭之岭地,于四月廿四日安抵龙泉。抵龙后因川资告罄,致碍难启移,故于龙勾留旬余。旋即续程至浦城(闽属),经建瓯、南平而抵达古田,沿途尚称安逸,惟稍感疲乏而已。弟现已受命工作,希放怀。兄如会晤夏懋修先生时,乞为简接介绍,缘弟甚喜交友之人。草此奉泐,即颂

暑安

顾弟久康寄

七、四

我等虽相离甚远,然心神不宜远疏,因时通信,以资连路。

令堂大人谅必安吉。又及。

此信仍署旧名"久康"。信纸页脚印"应诚用笺",应为借用他人信纸。

059. 李志豪致章肇元(1945 年 7 月 8 日)

李志豪回复章肇元的 050 号信,感谢章肇元介绍工作的义气之举,因余光裕近一月没有来信,她询问余光裕是否已去宁波,并称自己两星期休一次,故未拜望铭。

章先生:

光阴如箭,日月如梭,一瞬那可爱底春神已消逝,暴烈凶残底夏季是将临人间了,人们是不得已循例地而欣受它啦!愉快地带来庄严端正的字迹,显现出沪东的洛阳路上一角,使我和光裕很感激你万分,为我们真心地顾念,谢谢。光裕他来信亦是如此底说,你真够朋友之义也。

此番之函容,关于那位表姊和你们罗曼斯之事,是值得欣听欣听,此人是那位尊姓的表姊啊!真能干之极,手腕高也,钦佩钦佩。

章先生我很感激你,因你为光裕之职业非常注心,此亦是光裕的福也。但在你贵函中所提及光裕介绍他到那边去谋事,现在到底他可曾去否?谅你章先生是知之。因他此次将近一个月有余未曾来函,大概是邮局之滞阻,故所以我一无所知,请你下次来函告之。

施小姐最近贵事可忙?谢谢你代替施小姐望我,我亦是闲忙,欲二星期休息一次,所以也无空去拜望施小姐,抱歉抱歉。那边蚊子是太多了,我是天天回家。祝
安好

志豪手书

于 1945.7.8 晚 10 时灯下

060. 章肇元致李志豪(1945 年 7 月 11 日)

　　章肇元回信给李志豪,讲同事打趣他收到异性信件的故事。余光裕和胡为民的回信他都未收到。他让志豪不必与他客套地称呼,并关心志豪厂中的工作环境,下次路过志豪家时将去拜访。

志豪:

　　日昨刚吃过早餐不久,在办公室内预备开始工作,同事陶君跑进来要我请一千元客,好端端的弄得我莫名其妙,后来他从口袋内抽出一角淡蓝色的纸角,才知是一封信被他从收发处取去了,我知道他跟我玩笑,不会拆的。同时我还看见一个"豪"字,我即刻在脑海中浮起了你的倩影,一定是你的芳函了。我猜出他的心理原故,所以仍很镇静的做我的事,只说:"这是男朋友的信,你看好了。"他看看信封的字像女人写的,而"豪"字却是男人的名字,还有几位同事也这么说,(但是)总于给我镇静的态度所克服,他们当是真的男朋友的信而还给我咧,我也就省却了不少麻烦并一千元东西的客。当然我不会把这西洋镜拆穿告诉他们,免得以后他们再要求请客的要求。其实,我们虽是异性,可是站在纯真的友谊而交友上往来,何尝与同性的友谊而交友有何不同呀! 志豪,对吗?

　　说起光裕,正因为他的性格有许多地方跟(我)差不多,而且又有这么二个时期同作同宿,感情不无较深,以友谊的地位正应相(互)帮助。但我入社会尚浅,且友好不少【多】,故力量也微薄得极,很使光裕失望,真是心有余而力不足,此次幸有昔知友来函即把光裕推荐到他那边去,未卜光裕愿去否? 抑或敝友胡君目下有否接到我的信没有? 他们都没有来过回信,故我还没有知道,待他们来信后再告诉你吧！至于要你谢我真不敢当,下次请不要再谢了,在友谊间是理应相互帮助的,这是责之所在,否则就不能称友咧。

来函中第二段"……此人是那位尊姓的表姊啊！……"此句我看不懂你是怎么意思,至于你要问那位表姊的表弟吗？我不是在信中告诉你了吗？就是我介绍光裕到那边去的,"胡君"那边去。胡君的表姊是姓"沃",他们俩是我昔日同过学校的好友,最近我还碰见过二次沃小姐的父亲,他和我谈起他的女儿在重庆的生活,他也知道他的女儿在过去是与我很要好的,所以他碰见我时总告诉我一些(关于)他女儿的生活近况。

志豪,我跟你一些也不客气,因为我觉得你是够和我做一个朋友,可是你却那么说(客)气,什么庄严端正的字咧,这一类的客套话。其实我一向不会写规规矩矩的正楷字,都很潦草,你这么称赞,我真该羞死咧,恨无地洞让我躲进去哩。要是你以后再那么样,那我就不够资格做你的一个朋友,只能退避三舍矣！否则请以后不再客气,同时也不再称章先生,就直截了当的称"肇元"吧,这名字是我的学名,是永远的。

你天天回家,很辛苦的了,天气又这么闷热,炎阳当空,未知你厂中有电扇设备(没有)？人多挤在一块儿,很容易头晕脑胀,平时可备一些万金油八卦丹等药品,我在这里,也感到热得难过,头一眩,就很容易写错数字,故而是常备的。这儿蚊子也很多,可是没有办法,能像你那样天天回家,我们是隔着一条黄浦江呀！多不便呀！

上星期六旁【傍】晚跟铭走过爱仁里,本想来望望你,恐你还在沪西没有回家,故而作罢,现在知道你天天回家的,那么以后走过时趁便来拜访你好吗？

好咧写的很多了,闷热天使你(看信)的人也要头痛了,不写咧。不过我常常会犯这毛病,写给任何人的信都是这样,一下笔就是噜哩噜唆的一大篇,好几张纸,害得收信人读读也讨厌,自己明知不是顶好,要改总是改不了,今天又是这么长长的二大张有半余,好,好,好,停笔吧,就这样的结束这封信吧!

　祝你

康乐

　　　　　　　　　　　　　　　肇元手上

　　　　　　　　　　　　七、十一、下午五时完

061. 余光裕致夏懋修(1945 年 7 月 18 日)

余光裕给夏懋修写信诉说在乡间赋闲的苦闷。他厌恶乡村里迂腐迷信的农夫村妇、势利的土豪劣绅、混水摸鱼的乡保长、恣意横行的收费员,语气中有赞赏解放区民众检举、枪决舞弊乡保长的意思。他还说母亲与村里泼辣的长舌妇吵架,他劝说不听反影响母子感情。所以光裕表示亟需友人的引荐,期盼尽早脱离乡村,希望能在夏懋修身边工作,再得他的提携。

懋兄:

时光过得真快,自端节给过你一信,转瞬又是一个多月,于这些日子中我几乎每日在等候着你的信,或是在猜想着你到了当地以后的情形是好抑是恶劣? 使我很想念地,全在眼巴巴的盼望中混过了这种无聊的可诅咒的日子。我觉得我返乡后的心境和眼前的敷闲生活,委实太恶劣也太苦闷了! 以我现在的境况来说,我正像被幽禁在大海中的荒岛上的一个罪犯,与外间的一切全都隔阂了似的,终日孤独地渡着煎熬的日子,而竟找不到一个心得的知己,或能在学识上可以商磋的同伴,仅感到四周好像都是白茫茫的大海,没有我的出路,和应该走的道路。啊! 不知几时才能获得友人的引荐,而使我离开这牢狱式的荒岛?

也许我们的乡间是位处十足偏僻农村的缘故,所以举目所见的也就全是些土头土脑、思想迂旧,而又迷神信鬼的农夫和村妇了,并且也可以说是十足的土老儿世界。虽然农民的本质大多数是纯朴诚实的,可是稍有了几个臭钱就现出势利骄矜的,和那些靠了某些悍头而仗势凌弱的土豪劣绅,正也大不乏人呢! 他们在受到许多人的奉承和拍马,而自得其乐的更加像煞有介事起来。但是我总老是看不惯这般所谓"肉麻当有趣,臭而不堪闻"的朋友。好笑的是不识字的乡保长,却乘着混世时代而大摸其混水鱼,买田呀!起屋呀!大吃大用,毫无异讳。乡里的收费员(人均尊之以乡丁老爷,其实是起码脚色),如于收费时稍不如意,就实行拳打足跌,恣意横行。但是乡保长的舞弊,以及这种起码朋友的闯狂,所倒眉【楣】的自然又是那些敢怒而不敢言的农民头上哩。虽然已有好几处"解放区"中的乡保长被民众检举而枪决了,可是在某方势力管辖下区域,却仍是这班捉混水鱼朋友的"为虎作伥和狐假虎威"的黄金时代,谁敢得罪他们一句呢?

其他使我看不惯的事情,说来真也太多,我不明白怎么一个小小的村子里,多是些挑事弄非的长舌妇!吃饱了饭没事做,总是干着"串是非,管闲事"那么一回。常常见她们为了些许小事就提高嗓子顿足拍手的彼此互骂着,足至动武——扭作一团,其泼辣凶悍的性子,如果拿杨妈妈或雌老虎几个字来形容那是最适也没有了的。这原因大概是乡间的教育、文化和知识上都比较一般地低落,所以会造成了这许多讨厌的愚夫村妇来。我的母亲有时也常被卷入那些是非圈里去,同时她也是个很噜哩的唠念者,但在我因深恐滋事,所以每见到这种情形时,总忍不住要加以劝说,指谪这种不应多管闲事的错点。然而年老人的脑子,毕竟是十分固执、陈旧,而与年青人格格不相入的,她以为即使做长辈的有不是的地方,而小辈也不能说不对,意思是应该唯唯是从,否则就认为"大逆不孝"的子孙。在申时我好像曾对你说过,在家里的日子如果等得长久了些那没趣是一定的,时至现在果真不出我的臆测,为了思想上的相左(一半实在是她太善唠念),母子间的感情已没有像初到时的那样亲了,要是我不涵养一些的话恐怕老早就要决裂了。对于这一层,于我本来苦闷中的精神,无形又蒙上许多说不出的痛苦。

啊！我怕！我担心也许一时找不到机会，而再在这里根本没有什么适当的事情可做，而别处又少友人的引荐，生活的威胁，和自己前途的日趋灭亡，颇使我感到焦虑，在失意后三个多月的过程中，一刻也没有安静过来，其心绪之骚扰也实非笔杆所能倾述。总之，我的脸容已是憔悴了许多，承你教我静心的等着，以及鼓励我的话，都很使我感激。所以我前几天除了每日候待你的佳音外，同时在恭祝你到了当地的情形良好，凡事顺利，因为这无异已与我有着密切的关系，但愿能顺利地依着我的预计，那也总能获得你的提携的。不过在澎湃着失业声浪的今日，要想谋个职业，的确是件不容易的事，何况又是像我这种平凡而无技能的人呢？对于这一点，正也使我感到相当的杞忧，我想唯有再赖着你的鼎力，给我各方面都留意介绍（最好能在你的身旁在你的指导下工作），只要勉强渡过这个生活，至于工作的辛劳和事务的繁重与否，那是在所不拘，谅你也知我的。

上海的情形听说非常动荡，米价竟会飞涨到百余万（拨款单），其他物价也飞涨得惊人，这样出人意外的高生活我着实也为留居于上海的几个朋友纳忧呢！啊！真不知将后弄到怎样的局面！有点儿不敢往后想去，谅你对于现时局的趋势，一定要知道得多，详确得多，希望你能在信中顺便告诉一些，那也是我所盼祷中的。祝你
平安

光裕
卅四、七、十八

此件为草稿，信纸中缝印"协泰号"。

062. 章肇元致余光裕（1945 年 7 月 19 日）

　　章肇元 7 月 14 日在浦东的办公室给余光裕写信，希望他直接与胡为民通信。夏懋修据同乡说已离濮院远行；蒋耕声在黄渡做杂粮、布匹摊贩；祝明珊仍在保源；朱尔开计划去读书，常约章肇元去沪西作他约会的挡箭牌。章肇元还对余光裕解释 060 号信的内容，他将李志豪当同性好友看待，说话可能冲撞，但目的纯洁。他还提到上海用本票代替拨款单来贸易，缺少现钞，日用品涨价。

　　章肇元休息日忘记带此信回上海邮寄，并收到铭转交的 055 号信，所以 7 月 19 日接着此信再续一封，两信一同邮寄。7 月 17 日、18 日上海遭遇美机轰炸，虹口一带死伤惨重，报纸称是大陆战的初期轰炸，部分居民迁居回乡，米价又涨。

光裕兄：

　　前暮的信于昨日收到，那末投出这封信时，还没有接着由令亲转便人带给你的信。那天是星期四，因为接着你上次的信注意到是上海投寄的，断定必由便人带来无疑，故即写了回信仍由便人带转比较可以快一些。更因恰巧敝友胡君自宁波来信，才绍介你与彼，但不知你愿否抑或他能按抽否？尚不知，故我一面在等待你们的信，一面却叫你们直接通信，比在我这里转辗传达快多哩！前信我说将离上海，现在暂时不作他往，仍请原原来信以免疏误，同时你有信给胡君亦请转告仍在这里，待有变动时再告他。

　　密斯脱夏已远行，我也是由同乡赵君告诉我的，他在二个月前来信问我做酱油仿子，告诉他后即没有得他的回信，想必在开始制造矣，那里知道在二星期前遇赵君才得知他已远行。老蒋由嘉来上海后即迁黄渡做摊贩生意,上午做杂粮等下午做布匹。至于首饰他返沪后即已找到,实因他母年纪大放藏后忘记咧。老朱及老祝仍在保源,不过老朱想弃商求学,当然我不去他暂时也不能去。还有那密斯沈近来与老朱很热络,她很想老朱快些去读书,她更急于我们,倒底年纪轻比我没有耐心,要知不是盲从可行的。她本与我连话也不说的,可近来却不同,大概常常碰面的缘故,他与她的事也常与我商量,他们俩的日进一日,当然我也有一部份的力量。近这几个星期六及日晚上老朱常邀我同他去荡马路,当然他一个人常出去对程先生不大好,把我作挡箭牌,其实还不是与她去荡马路,结果把我也常常拖在一起,我人在浦东而跑到浦西去做月下老,自己到现在还没有,可是给人家却常常做月老,真滑稽。

至于李小姐我已经去过三封信,那也不可算少了吧,她到也有求必应,我去一信她也来一信,第三封信我才在前日投出哩,大概下星期又得她回信了。老兄,你会因为我跟她通信而打翻醋缸吗?你放心吧,我决不是这种人,同时李的行动与人格也决不是随风而飘的柳絮那种人,正因为我一向有成人之美的心理存在,把她当作同性看待,说话方面少避嫌疑的关系,所以她怪不得要跟你说我的言语太属于趣味的了。前封信上我告诉他把你介绍到胡君那里去,要是你去了的话,那末你就不能在最近来上海,我问她"你会为了光裕不能来上海而患花露水病吗?"那岂不是更要说我了吗?又她的来信开头总是章先生,行里字间又是那么一些客套的虚伪话,这次回信中有一段我就这么说:"以后不要再称章先生,就直截了当称肇元,这是我的书名,是永远的,同时也不用这些客套的虚伪话,否则的不话,我就不够做你的朋友,那我只好退避三舍了。"上面的话是大意这么说,这正因为你是我的知友,她是你的爱人,那当然也就是我的朋友,既是朋友,也应有朋友的称呼,何必这样的称呼与虚伪呢?更因为我不想去追求她,我何必要把有忌于女人的一切,掩饰起来呢? 正像我与你一样是一个纯洁的朋友,想着要说什么就说什么,不是更爽快? 我就是那样直爽的人,不喜欢在肚里做夫的缘故,说话方面不无有些冲撞,请你对李小姐声明一声,但是我的目的是纯正的,为的是要你俩能早日达到美满的姻缘呀!

上海近来的情形,日用品差不多时时在涨,而米在最近二星期中比较站稳一些,总在六十至七十万间,盐也由五元一斤到七百元,这是浦东的行情,上海大概一千元以外了。别的东西差不多在涨,有许多还买不到。拨款单已经不用,而代替拨款单的是本票,现钞还是很少,本票去买东西有许多店家不要,有许多店家虽收可是打八折甚至七折,还是茄门,他们承可留货物而回头你没有货,这是家常便饭的情形。日前我拿了三美元一纸拨款单,用了好几天仍没有用去呢! 结果还是跟人家掉了现钞才脱手。

时间快十一时了,主任也快来了,写的也不少咧,给他看见在办公时写信不大好,就此搁笔咧。给你的信我从不起稿,故每次都有漏字并且很草,其实我不会写正楷,给任何朋友的信都是一样的草,一样的有漏字,不过有时比较留心一些吧了,但是写到后来却慢慢的又草得更厉害了,你大概也觉到的吧。祝
夏安

弟肇元草
七、十四、上午

光裕:

上星期六写好的放在浦东,忘记带到上海去寄,在星期日到铭那里,她说邹有一封信来,我想邹不知她的信址,怎么会有信来呢? 原来是你的信呀! 托便人带的信你说到了,引起了你情感激动,害你下了一些泪。老兄不必这样想呢,人与人之间是应相互帮助,何况我们

有着也不算浅的友谊的人呢。只要有一些力量就应尽一些力量的互助,但不知胡君能马上看到你的信不? 这是很担心的,要是他能按时收到看到的话,那末在收到我这封信时大概也早可收到他的回信了。

在上海在前日(十七)及昨日(十八)遭受从不有的轰炸,十七日约有六十余架在一时另五分侵入市空,落弹如倒煤球,虹口唐山路、邓脱路、公平路一带死伤最惨,江湾、大场、吴淞等处亦目标之地。另浦东约在中虹桥对过(我们在高庙码头上望过去看见)于十七日大火半日,至夜间仍在火光熔熔之下燃烧。十八日约百架,我们正将午餐之间,故中饭没有吃就逃了,回来吃饭已是三时。传闻十七日死伤共约五六万人,十八日不知。我们高庙,虽没有受到弹的赐予,可是地处险境不得不逃避以防万一,总算今日没有来,不过报上所说是大陆战的最初期轰炸,那末上海必将遭受更大的轰炸无疑,经这二次轰炸后的反响,在虹口区之居民有一部迁居或回乡,米价亦较上昂。草草又及。

七、十九、下午

063. 章肇元致余光裕(1945 年 7 月 24 日)

7 月 22 日浦东高庙遇到飞机轰炸,章肇元幸逢休息日回沪躲过一劫。7 月 24 日章肇元在单位给余光裕写信讲述轰炸的情形时,又遇飞机轰炸高庙,他放下笔逃到田野里躲避,轰炸结束后又回来继续把信写完。胡为民没有直接给余光裕回信,而是让章肇元转告,宁波就职需要初中文凭,需寄履历和证明文件再谋职位。章肇元还劝余光裕在乡间暂谋一职,不要返回上海。

光裕兄:

上星期投出的信你还没有收到,那里知道我们已遭受到不幸中之大幸了。就在星期日(廿二号)那天受到一个炸弹,把我们的房屋炸去了,所幸是在星期日,我们大部份因事都在上海,只有二十余人皆躲进防空壕去了,炸弹就落在防空壕旁边,这防空壕幸亏是由近千根钢轨造成的。

翁翁的飞机来了,轰隆隆的炸弹下了,我马上放下笔向外面逃,逃出里许的田野中去躲避,继续的炸了二小时余,在十时起到十二时半才停止,高射炮弹、机关枪弹在头上嘶嘶的飞来飞去。可恨高射炮越打得厉害,飞机越不肯飞向别的方面,老在头顶盘旋,射机关枪。终之我们的地方就处在四面楚歌之中,是危险区,我们新迁的就在被炸去的只不过相距四五十丈,还有再度被炸的可能。

现在我再继续第一段未完的连下去——可也被振的倾斜了三四尺,里面躲藏着的人幸未受伤。我们会计股的房间正接着防空壕,所以全部振毁,要是换了别的日子,会计股中共六人,除了我跟主任(我二人较小心,总在听到警报即逃避,余四人都没有避过)二人之外,还有四人必死在其中,即使不死亦定重伤无疑。其余各股房屋亦毁一部份,厨房间及材料贮藏间全部被倒,别的隔壁弄堂房屋亦受弹炸振倒。高庙(即庆宁寺)死十六人,伤二三十人,来炸飞机约百余架。今天来者亦差不多,所炸地方还未知。

现在来谈谈你的职业之事吧!

胡君已来信,他说因为没有与你有一面之识,写信给你措词非常困难,所以仍由我来转告与你,大约情形如下:

那里对外面进去的人非常怀疑,连小学教书也不是随便聘请。还有你从家乡去必须经过四种不同的区域,有没有危险,他不能担保。又因上次信上我只告诉他你是否能来,有没有位子,而忘记把你的履历写给他,所以他不能马上介绍。你的经历我知道,可是学历却成问题咧,最起码的要初中文凭,他说如到那里去当一个小教,也须要小学教员登记证,别的职业就得凭文凭的资格来给你位子。他说要把你的履历写给他,及各证明文件也一并寄去,可谋一职,成功了再告诉你而去就职,否则你现在去了不一定马上有事,虽说决不使你饿肚子,但总感到"人等事"难。你以为如何? 是否想去? 学历如何写? 他要我去,我不预备去。

上海,到今日止,较大的炸已经有四次,志豪那里(厂里)不知有危险否? 现尚不知,她最近可有信没有?

末了,你去与否,请即来信。又上海今非乐土,你也不必再想出来,天天在提心吊胆中,现在不知在一分后会死呢。我看你在里中能有一职糊口的话,还是在乡间渡过这难关,要是更扩大的继续轰炸下去,也许我马上就要离开上海也说不定。

祝你

快乐

　　　　　　　　　　　　　肇元草

　　　　　　　　　　　　　七月廿四日下午

064. 李志豪致余光裕(1945 年 7 月 26 日)

　　李志豪收到余光裕的 042 号信和 053、054 号信,回信将生辰八字也告诉余光裕。李志豪正在力劝父母一起迁乡。

钦哥:

　　可爱底春神是逍遥地留步了,凶猛炎热的夏季是普照着大地啦!它是循例地施行。如此的暑天,路迢远远地带来你第六、七封信,此次的信恐欲达到一月之间,仅一短时好如相隔三秋也,在望穿眼时没有接着你的信,心中不知怎样底惦念着,那时你可有此想念远地的珍否!我想钦哥亦和我一样。现在总算六、七信在我眼前展映着,使一个微弱跳跃的心会笑了。因前接到章君的第二封信内曰:介绍你往宁波去谋事,行不行还未准定。所以我猜念你的主意是否决定,在有那么一幕的思念,你是有远出他地的佳音,请速来函告之。

　　你每次的来函总是顾虑的话儿,使我感激不尽。以何物而赠于我钦哥呢? 只好待等出来说吧!

　　钦哥,我上来函讯问你的年庚八时,并不是替你排注命运,我欲详知你的时辰也可略知一点。现你爽直地示笔,珍亦是直爽地提示钦哥:你瞧着吧!

　　(廿一)(用不那么客套虚度的两字)(三月初四)[半夜(子)时]

　　此是我的贱辰啊。钦哥你记住吧!

　　关于迁乡的计划,我父母二老还未确定,照父母的意思欲我们母女二人回乡,我不答应,如走大家都走,何以留一人在申呢? 所以这一点亦就搁起不提,只好听天由命。如回乡,我即来信告之。总而言之,我力劝家父母回乡。假如留我在申,双亲他们更加不放心啦! 钦哥！你以[为]是吗？

钦哥，真费你的心血，将漫长一途路程表抄填出赐给我观看，以作动身的准备，真是知我己的钦哥！谢谢啊！我希望你永远在我身边。祝我|钦|大体健康。

　　　　　　　　　　　　　　　　　　你的珍手书
　　　　　　　　　于 1945.7.26　灯　10 半　晚炎热

此信页眉印有"Prüfungsarbeit DEUTSCHE MEDIZINISCHE AKADEMIE"，是同济医院的试卷纸。

065. 章肇元致李志豪(1945 年 7 月 28 日)

章肇元将遭遇四次空袭的情形讲给志豪,询问她的安全和迁乡计划。另提到胡为民需要余光裕学历证明,去宁波工作一事可能告吹。

管理处仍在高庙,迁移离原址不过三数十丈之民房内,故来信可仍寄"浦东高庙上川上南两路管理处会计股"我收可也。又及。

志豪:

尉【蔚】蓝的晴空,虽时布层层浮云,但仍挡不住热浪的侵袭,动不动的一身大汗,可是职业的人们呀! 还是牛马似的工作着,不管是用脑或用力。

外面的蝉声摄得头晕脑胀,幸屋前满植着苍翠的松柏与梧桐以及各矮小灌木,展眼望去,为之一清,差可适意清心,此是炸弹之赐也。

上海受炸早在意料所及,而我庆宁寺之不能脱逃此厄,亦也在我人意料之中。在此次(十七号)大炸之前,差不多每晚有飞机光顾,往浦西旧租界区很少能听到,故而不知。而我们因在晚间躲避不易,每卧床不避,听天由命,过去已落弹二次,故而臆测必有一日遭劫,今则验矣。十七日、十八日二次空袭我们所处地区已觉万分危险,幸未下弹于附近,然已受警不少。廿二日,适值星期[日],固除值班及外勤人员外,大都返归上海,我亦在山海关路。是日,在空袭之时,我还在晒台观望,见东北角下弹累累,知已不妙,待星期一由杨树浦渡江过东,至广宁寺上岸已臭无一人,待到车站前见我路警二三人在守候,而管理处房屋坍塌不堪矣,尤我会计股房间已全部毁去。险呀! 幸在星期日,我会计股同仁都在上海未有受伤。旁会计股房间有一防空壕,系全部由钢轨筑成,而所受炸弹即在防空壕旁边,故此壕亦振而倾斜,内躲二十余人,只一人略受压伤,如系烂泥造成,此二十余人早向西方极乐世界去矣。弹洞的深丈余,直径亦约丈余,经我们观察所炸情形,那日所落炸弹不下二三十数之多,且成一直线形,另又有一行较短,而弹洞亦少,两头起讫点之一头在某造船厂之船坞旁,测其意则炸该船厂无疑,而无辜百姓却受害非浅。

廿四日又受空袭,在我们这里虽未有落弹,而第二批来者,在我们高庙(即庆宁寺)上空盘旋,似欲掷弹之状,地上高射炮大发,而空中机关枪乱扫,高射炮弹与机关枪弹,在头顶身旁乱飞,只听得嘶嘶嘶的不停,我躲在树阴下动也不敢动一动,约二十分钟而去。

这数日来对沪郊之轰炸不可为不激力,而无辜遭难者不在少数,故人心之恐慌,亦可算不过甚,在在向四乡躲避。未知你的令尊堂作何计划?又你厂中可安全?你是否继续去工作?

附言:光裕及敝友胡君皆已来信,看情形光裕学历证件或别的登记证明书不全,又去那里要经过四不同的地区,困难较多,也许不能成行而告吹,一切待后再告,祝你

平安

肇元手上
七、廿八

066. 刘梓庚致余光裕(1945 年 7 月 30 日)

上海物价飞涨,又遇轰炸,刘梓庚生意难做。陈尔镳经三叔父介绍进钞票厂做检查员,待遇甚佳。余光裕曾寄信请陈三伯父帮忙谋事,刘梓庚认为恐难有望。另告知上海米、金、布等物价格。

复信现暂属地:南市方浜路光启路口县后街××号胡宅转,可也。

光裕五【吾】弟台鉴:

逐启者。前由尔镳处附小信均悉,本早复函,斯时因忙,甚歉。古历五月中返乡一行,留住四天即已回沪。目前百物飞涨之下,兄亦无生意,仍如吾弟随时游荐,且市势欠佳,而来轰炸甚重,门市店号买客清减,视之情形亦难发展。

尔镳弟由三叔父之介绍,至钞票厂充当工人进出检查员职务,每月薪给收入甚佳(白米一石,茶片四枚,煤球二枚,松油等),约计百余万元。惟伊进厂时并无同吾说过,因兄日前至三舅父处谈起在【才】晓,并嘱吾弟徜至尔镳处,信中切勿说起此事,以免祸患,乃要。

顺告吾弟亦有数信至陈三伯父处,托伊代觅机缘,惟兄推测之下谅难,且伊亦无信答复与你。照兄意否则再函达数封,内需写诚恳而求之语,恐还有希望。并询吾弟现干何事迄补?另闻及志豪小姐近仍通信否?顺报沪地白米每石 14 万元;赤金再高每两 124 万元,近低 94 万元;布每尺一万余元;绸尺二万元左右,其余物品亦同样贵昂。余事后述,祈示复。此颂

令堂大人前代候不另

愚兄刘梓庚寄

七月卅晨

此信使用"上海志成贸易公司"信笺。

067. 余光裕致章肇元(1945 年 8 月 18 日)

余光裕回复章肇元的 063 号信,说他"大难不死必有后福"。日本无条件投降,余光裕遗憾不能亲眼目睹上海欢庆胜利,询问上海的市政、银行、币值、电力、交通、店厂是否恢复,以及志豪在路易钞厂的近况。因学历和人地生疏,余光裕不打算去宁波,如今上海光复,他要回沪工作。他还提起夏懋修将文凭借给管克非拍照投考大夏大学的事,希望到上海后弥补自己学历上的遗憾。

元兄:

差不多已一个半多月没接获你的信,真是感到非常惦念。今天总于收到你七、廿五发出的信,而以前的一封也许已在邮途失误,所以我还没有接着。

我真为你庆幸,能幸运地逃过这个系乎生死的难关,这的确不能不认为是不幸中之大幸的事。我想前年你在福民的意外发生还不能认为是难关,那次只好说你此番真正危险的开端,而现在既都被你逃过你的"宿命论"所注定的一个紧要关隘,那么才可说"大难不死必有后福",我正为着你未来的前途祝福呢!

专以侵略和攫取为能的日寇终于无条件投降了,八年多的苦头也够使我们桑沧了,要是没有他来掀风作浪,你我何至于今日呢?说不定早成就了些事业,而已奠定立足社会的基础。不过终算到现在给我们以无限的安慰,那末我们就借会心的微笑来洗净以往的一切痛苦吧!在上海的人民听说都疯狂似的放着爆竹,热烈欢庆这胜利的获得,谅你那时也不会例外,定也是很高兴吧?可是我真感到怅惘,我偏在复什紊乱的农村,而不能亲睹这一幕庆祝的景状。不知这两日的上海又改了如何一个面目。市政？储备银行？志豪工作的印钞厂？币制的改变？电力和交通的是否恢复？新兴事业和复业的店厂？还有其他等不知都怎样了？以上的种种却成为我无从得到答案的猜思啊！身处穷乡僻壤的我既看不[到]报纸，复听不到消息，像这种怅惆地猜念上海情形的心绪，与其说是兴奋的，那不如说是痛苦的倒比较透澈【彻】呢！我恨不得即插翅飞来上海看个究竟。

你现在是否继续在那边任职，抑或另有新发展？盼望你立即来函告我。在这信以前曾有两封信给你，是从你铭家里转的，她有否转寄给你？

至宁波我不拟再去，因为一则已受了文凭等的束缚，而二正如胡君所云，没有一面之识，我早深感到不太好意思，何况又是人地生疏呢？元兄！承你竭力为我设法，我非常的感恩，不过你也早就知我的心原本系在上海，我以为在目前这种新形势的变化下，我也应该唯有走上海的一条路。万一连上海也想法不通，那么别处也更难我的寄足了。

所以我十五日给你的信上曾这样说：即便眼前在上海能找到个最低微而勉强维持个人的职务，也是幸运而欲尝试的，不管这甚至是工役的职务，反正是借条路走走，一方面自可慢慢的再向亲友处请托，再透澈【彻】的说一句无非是暂借一个容身的地方，比先跑了出来而再找事的"人等事"总要强得多。虽然也有不少亲友在申，可是在这样的高生活下，自己总不太好意思长久得耽搁了。元兄！你以为对吗？你的对我的种种不庸说已是永远不会轻易的忘去了，在这一次我的困难的时期，也唯有赖诸像你那样真挚关切的人来提携了，将来有什成就也真永远感恩不尽哩！

今天同时收到老蒋一封六、卅在黄渡寄来的信，据他说在那边做做小本布摊，在夏令的生意并不好，但生活还可勉强度过，谅你也定时有接到他的信吧？说也巧，曹阿弟今天也有封信从苏州寄来，因此我今天要答覆的信，连你的计有四封（一封给表兄）。你我是比较熟悉了的，所以我可就随便的很草率而匆促的写着，可是错字措辞和遗漏的连自己也看不过去，好在是你，恕我不再重写，因为秋老虎的热闷和蚊子的攻击也实在太厉害了。

志豪前几天来过一封挂号信，并附来一帧近影，视情形我们彼此间的感情还不致变化，但不知近来她是不是仍在钞厂，抑已解放不做，说不定会因上几次的大轰炸而逃到乡下去，我很挂念着，请你替我探询了，告诉我。

今天你来信提及文凭的事，却又勾引起我平时胸头隐藏着的遗憾和创伤，这件碍于环境而没有受过高深教学的事，也最令我痛心的。我觉得像我这种太平凡的人，虽竭力的想多求取些普通学识，但如没有它，即使具有普通学历也容易碰壁而被摒门外的，可不是吗？尤其像我这种人。

我拟将来到申后，托你设法此事。福民的管克非也是借了夏先生的文凭（高中）摄照后去拟考大夏，而才派司过去的。

祝

好

光裕匆上

卅四、八、十八晚

068. 章肇元致余光裕(1945 年 8 月 22 日)

章肇元写信称 8 月 11 日即听说上海和平的传闻,看到外滩上有国旗飘扬。14 日听到广播才确定抗战终于胜利。国军尚未到达上海,已有重庆代表机关接收各报馆、交通,章肇元供职的公用局也将移交。章肇元 060 号信说李志豪虚伪客套可能得罪了她,此后再未收到志豪的回信。传闻夏懋修在嘉兴县政府工作,蒋耕声仍在黄渡,祝明珊回乡。

光裕兄:

差不多有一个月没有给你写信了,而在这一个月中却有着大大的转变,低而高,高而又低,安全而恐怖,恐怖而安全和平,无论在物价,和生命的保障,都有极大的转变,竟相差数倍甚至数十百倍。

在十一日的早上,有几位同事由上海回处里来,传播一些和平的消息,可是他们也并不知道详细,只不过是传闻而已。旁【傍】晚到上海去,远远的望见江海关的大钟上升着国旗,久已未见的美丽的国旗在那大钟上飘扬,测猜着和平也许是事实了。到南京路外滩上岸,只南京路上人山人海,满街鲜艳的国旗在微风中飘荡,可是倒底和平了没有,还没有听到正式的广播。一直到十四日才证实,战了八个年头而掀动全界的战争是停止了,那也是我们的最后胜利。

目下在上海可说在纷乱时期中,国军尚未到达,而各种所谓重庆政府的代表机关都已出现,正在接收各新闻社、报馆、交通机关等,都在极力的活动中。那末我们的两路当然也在接收的意料中,不过现在尚未有人来接收,所以我们最近的工作比较紧张一些,把逼切须要结束的事赶紧办理就绪,准备他们来接收时,马上可以办理移交。

　　现在是和平咧，不久我想又可恢复八年前迈进的中国，到那时候，我们又可以向着我们的志愿去实行我们的理想，那末你在不久之后又可回上海来了，以谋日后之发展。并且李与你已经将半年不见了，久别重逢，而又在胜利声中重逢，其愉快更不可笔墨所能写出来的吧。喂，你们大概可以请我们吃喜酒了吗？她，大概是前次我在信上得罪了她，所以好久没有来信了，我也将一月没有给她信哩，不知她近况如何？她们的厂解散了没有？

　　夏先生得传闻在嘉兴县政府工作，不知确否，不得而知，只传闻而已。老蒋仍在黄渡，老祝还乡去了。祝

好

肇元草

八月卅二日

　　　此件有信封，包含以下信息：

　　　信封正面：

　　　　浙江百官崧厦凌湖亭子前庙南路念号

　　　　余光裕先生

　　　　浦东高庙章缄

　　　邮戳：

　　　　上海　22 8 45 | 15　SHANGHAI

根据邮戳判断，此信末尾署的日期可能是"八月廿二"的笔误。

069. 李志豪致余光裕(1945 年 8 月 23 日)

战局结束,日方机关和公司解散,路易印钞厂已于 8 月 14 日解散,李志豪失业在家。她认为各机关设立正需人才,希望余光裕回到上海工作。

钦哥——吾惟一底安慰者:

回函已接收,知你信和小照接着,使我芳心不知感觉如何愉快,一封快信一往来路日,仅【竟】达廿余日,可谓慢矣! 若是你在乡间闲着无事,那还不是到申的好,因时势平也,战局是结束啦! 谅知你那边一定是早得消息,使整八年中鞭抽痛苦下底人民从苦海中挣扎起来解决以后民食问题。你以为我话对吗?

钦哥! 我劝你还是来申谋职业,况现时局平定各机关设立,正需欲人材,而你富有经验商业界人,应即寄信往你的良友处去讯问讯问,好谋一相当的职位,一来可以重回到你依恋不舍的申地,二则仍和你底珍重逢啦! 忆昔离别之痛苦,现可重见甜蜜之回想也,你可愿意如此着想而来申否? 你若主意坚定来申,请先来函通知,亦可使我知之。

钦哥! 我那边路易工作是解散啦! 当战局和平消息传出,我们即在八一三后的一天十四日,在行解散,因此币将来是非用也。而现申之各机关和商店厂业以及任何公司,是属于日方面都解散啦!

现在我是闲在家无事,觉得烦闷极也,希望你早点回申商妥干如何职业。

我在此也不必多写,只望你即速来申,再可畅谈畅谈。接此函请回信，敬祝我钦精神愉快。

你的珍手书

1945. 8. 23

此信与 064 号信使用同种信纸。

070. 章肇元致余光裕(1945 年 9 月 1 日)

章肇元所在的上川上南两路管理处将改回商办,归还旧公司接收,章肇元即将失业。抗战胜利商路畅通,蒋耕声的单帮摊贩不合时宜,计划返沪;夏懋修在嘉兴战地服务团工作,可能已进城收复嘉兴。

光裕兄:

最近的信大概是收到了吗? 未知你近况何? 好像是好久没有收到你的信,在我的心里是有这么感觉。

上星期六回上海去,碰着耕声兄,他也有一月余没有来上海咧。现在已经胜利而和平,各物的来源行将畅通,所以他的单帮摊贩,亦已不适于时宜,必须另谋出路。而今他虽仍在黄渡暂维现状,不久亦将返沪找长久性职业。

从这星期起市轮渡行驶时间更改,对于我却便利不少,每早上六时半(上海老钟点)从上海开,下午第二班四点半由高庙回上海去,刚好是下办公的时候,所以我这几天每天回上海去。可是好景不常【长】,马上就有从前的老公司(从前是商办,今后仍将归还商办)来接收快了,我们现在的人一个也不用,除了开车和从前老公司做过的人,所以我就在眼前要失业了。不过我在这里也不过是渡难关的,现在既已得到最后胜利,难关亦已过去,失去这里的职务亦无关重要,另找别业,以谋永久性工作为是。

夏先生在嘉兴战地服务团,到上星期由舍亲处得来消息,目下大概已进城收复嘉兴本城了,那末也可以公开工作咧。不过既战争终止,该团理应结束,大概不久他亦将另找工作。余下次再告。祝

好

　　　　　　　　　　　　　　　　　　　　　肇元手上

　　　　　　　　　　　　　　　　　　　　　九月一日

来信可仍寄老朱处。

四、空军时期(1945年9月—1946年2月)

071. 余光裕致陈三伯父(1945年9月19日)

9月,余光裕回到上海,暂住外滩姑母家,因过渡时期商业凋敝而无业可做。余光裕依刘梓庚建议,给陈三伯父写信,请求他介绍工作机会。

仁伯大人钧鉴:日前恭聆教言,蒙详述目前情形,倍使警惕。晚因乡间环境复什,初以申地时局特佳,故敢贸然赴申,不意处此过渡时代,商业凋敝,谋事颇感不易。回忆曩昔晚返里时,承尊谆谆慰嘱,并设有机会允以介绍,热诚关切,殊令感铭,此次天日重光,中央复负国恩,尊必仍往任职,而晚亦得恩为介绍,满腔热望,冀希未来前途从此得人培植。唯自聆教言之后,不特尊感于目前情形而不乐,即晚亦因此而失望不已矣,尚乞勿过于消极,当以珍摄玉躬为重。今晚终日为职业而奔波请托,无奈时局如是,亦徒增疲惫而已,处此高生活下,赋闲自属堪虑,倘尊有机会,还恩鼎力介绍,则此后设有成就,皆出尊赐而感恩不尽矣。肃此,敬颂
崇安

19/9/34

072. 李志豪致余光裕(1945 年 9 月 22 日)

9 月 22 日,市党部通知李志豪开会,去外滩迎接美国海军,李志豪因此错过与余光裕的约会,写信解释并道歉,又约次日静安寺平安戏院碰面。

钦哥:

抱歉得很,请原谅,累你空等了,使你白白空走一趟,真是对不住。我是失约啦!真惭愧。

说起事也巧极,在十二点饭毕没休息一会,时钟刚敲一点,我准备洗脸更衣,预备动身到你所约地址来,那知市党部来了二位同志通知我立即去,在开会,那知无法底我。欲我往那处去呢?后来一称,只好累我钦哥空等,知我不得以而失约啦!于后到了聚集地方,许多同志排队结伍,步行到外滩欢迎美海军莅沪,谁知天不作美,遂潆潆大雨滴下来,使每个热血底同志多成个落汤鸡回家,如此是值得的,你以为对吗?现来函告之你一声。

再者在本月廿三下午二点,请在静安寺平安戏院门口等我,可有空否?(若是下雨你也来)祝
秋安

珍手书

1945.9.22 晚九时

073. 余光裕致余吕氏(1945 年 9 月 24 日)

余光裕工作仍无着落,暂住姑母家,姑母待他很客气。章肇元因铁路局接收而失业,章父因曾在伪中央储蓄会工作而不能进入中央银行,余光裕请托无门。上海失业严重,物价暴涨,外婆托购的布匹难以购买。余光裕返申前在乡间收购两千老法币,但预估错误,老币在上海并不升值。汪伪发行的储币将停止使用,光裕让母亲不要听信乡间传言多存储币,粮食亦不可多粜。

母亲大人膝下:

敬禀者。前上一禀,谅早收到。儿在申已逾半月,现仍无适当机会,故一若在乡时赋闲无事。所谓"谋事在人,而成事在天",日前云及之铁路局,因系伪方接收经管,处此天日重光,以前所有伪方机关均令解散,老章因此亦告失业,儿自不能进去矣。又中央银行现在复业,本当由章先生之父之介绍可以进去,兹因彼过去在伪方中央储蓄会做过事,所以目下连他自也不能进去,因为政府不容许做过伪方事的人再重入国家银行。由于彼自己尚难重入,因此儿亦无希望托他介绍也。总之此皆出于逆料,或系儿之命运有关,不克强求也。

今儿四处请托,正在设法另谋出路,唯在此过渡时期,上海方面失业之人甚多,找事比较困难。据一般目光,至少须半年后或能恢复旧观。但在这青黄不接之际,各物复暴涨不已。尤以布匹一项,儿抵申后数日,士林布即涨至每尺一万五六,但现在竟每尺需二万左右矣。前外婆托购之士林布,当时闻沪地仅五六千元一尺,而儿收过储券七万及老币一百十元,照眼前申地价格,实难为之购买。盖价既骤昂各数,而儿亦无如数款项可以代垫,只得待将后物价稍底,手头宽裕,购买矣。申地老币价格每元仍只值二百元,看去不会如何值钱,最多亦不过每元一百五十元足矣,在乡受一般人之谣言,满以为此后老币有甚希望,所以收购二千元到申,不意申地与我收入之价相仝,不赚不蚀,总数仍不过四十万元,未意乡间市面如何? 是否较申高昂? 儿赴申随身常备款项,除旅费外仅此老币数,以及外婆托带之数,总共约五十万左右,现在毫无进益,而日常个人另用及车资则不能省略。现米买八十万元一石(系储币计算),预料不日储币就要禁止使用,均须以老币,之后米价必渐下跌,故儿米未买过,现仍耽搁于姑母家中。

　　承姑母待我很客气,反使我过意不去。姑母让棕绷床与我,而她自己则搭铺,我虽一再谦让,但姑母总是十分客气,而另眼看待,饭亦在姑母家中吃,儿拟将后总谢耳。因买米等反使不便也,便咨照人家储币切不可多存,因此项伪币最近即将停止使用,前乡间曾以为储币值钱,无非短时,倘今后不知者储藏储券,岂不上当矣。所以望咨照各亲友食粮不可多粜,宁可需用时再行粜买为上。我家今岁六谷有否遭风潮时雨影响,至以为念,乞来信提明为祷。

　　胞弟疟疾谅可痊愈否? 儿在申尚好,请勿锦注,一俟职业定当自当即行奉告。肃此,敬请　福安

儿光裕叩上　24/9/34

(存吕家埠布料有否取回? 又儿之衣箱钥匙已在皮鞋中寻着。此批。)

　　此件有信封,正面写有:
　　　敬烦便交吕家埠海伯父费神烦交
　　　凌湖
　　　余汉钦家中　收

申余光裕谨托　卅四、九、二四

永利烟业原料股份有限公司

YUNG LEE MANUFACTURING & SUPPLY CO. ,LTD,.

RM. 202 NO. 668 SZECHUEN RD.

SHANGHAI

074. 李志豪致余光裕(1945 年 9 月 29 日)

9 月 29 日,李志豪进入华纳印钞厂。李志豪挂念余光裕的健康,劝他不要为职业的事焦急。

钦哥:

是晚和你分别已有一星期,未知那天你到家可迟? 使我切记在心。因你近日的躯体是不舒服,更使珍的心非常挂念。我劝你不要为了职业如此焦急,机会必是会来的,不过迟早罢啦! 所谓天无绝人之路,必是会来找你的,请慢慢等待着吧!

钦,我现告诉你一椿消息,就是我现在仍踏进华纳厂总票组务服,但是这此【次】我进去恐怕是暂时的,最近因工作繁忙缘故,故替他们暂作帮助,一旦疏清工作,也不必我们进去啦! 你想此番景象成什么国家印制厂呢? 一忽儿这样那样,暂等以后机会瞧吧!

九月廿九日是我进华纳始头,特来函告你钦哥,以免你下次来函约我,使你望空。在下星期休息时我会来函告之。祝
身体健康

珍手书于匆匆
九、廿九晚十一时

075. 刘骅致余光裕(1945 年 10 月 14 日)

10 月,余光裕进入大场空军军需处任职。刘骅接余光裕来信,知其入职空军,回信恭喜,并告知自己目前仍无生意可做。

光裕仁弟大鉴:顷展。十月八日手教得悉吾弟充任军需上士之职,甚为欣喜,且每月薪金想亦可观,对于营养也相当丰富,至于身体亦为强健。然此机缘系是吾弟今庚之幸运,并希星期或例假日请拨电话至愚兄处,则约较清净地点叙谈畅快。

愚兄刻下仍无良好生意可做,甚为焦急。吾弟与志豪小姐之配偶业已可如愿,乃祝。余事面述,即颂
秋安

愚兄刘骅寄

十、十四

076. 管克非致余光裕（1945 年 10 月 26 日）

福民同事管克非入中央银行宁波分行会计系工作，来信询问夏懋修、胡渠铣等友人近况。

光裕兄大鉴：离沪时曾接奉华翰，来甬后以谋务粟碌，不克握管，至歉。甬行小事简全事共十六人，弟被派入会计系服务，担任行庄检查事，尚为空闲。承见托之事，自当留意。懋修兄近有信来否？渠铣兄现在何处？甚念。有暇祈赐函为盼。专此，即颂
近安

管弟克非寄

十月廿六日

此件信纸印有"中央银行宁波分行用笺"。

077. 夏懋修致余光裕(1945 年 11 月 18 日)

　　嘉兴光复后,夏懋修随战地服务团进驻嘉兴县城,协助国民政府接收伪方机构,10 月已调任嘉兴负责总务。传闻国共内阅,夏懋修为青年前途忧虑,与余光裕共勉。

　　光裕兄:屡奉手书,每因迁徙无定且邮递不便,致迟迟未果,歉甚。和平重见,弟奉命首先挺进加【嘉】兴城区,协助政府接受伪方机构,东奔西走,殊感烦忙。一月前调任县中负责总务,事烦而琐碎,越感无余暇。薪给以现时物价合【核】算,并不比沪上为丰,想公务人员彼此皆然,幸地方情形较熟,各方面皆相识,办事当不致有困难。近闻内阅又起,无任惶恐,适此生灵涂炭,复遭浩劫,接收复员去理想远甚,中国前途实堪忧虑。吾辈青年只有咬紧牙,立定足,睁大眼,清醒头脑,忍受苦艰,奋斗下去,天涯地角,愿共相勉。专此,即请
大安

楙寄
十一、十八

　　此件有信封,包含以下信息:

　　信封正面:

　　　　上海大场飞机场军需课

　　　　余光裕先生启

　　　　楙缄

　　邮戳:

　　　　PUYUAN　三十四年十一月十八　濮院

078. 李志豪致余光裕(1945 年 11 月 28 日)

因空军工作繁忙,余光裕到李志豪家每匆匆看望,难以长谈。李志豪写信称她家邻居因两人久未订婚,已有流言蜚语,问余光裕是否还愿意与她结婚。

钦哥:

转瞬间,使人严寒的冬神又降临人间,它悄悄地驱走了人们依恋的秋天,带给大地的难堪的酷寒,在外行走的人又要吞赏西北风的滋味,未知你那边仍旧如此五更起身段【锻】练身体否? 照现在严酷凄凉肃杀的寒冬,你们可要延迟时间。

无情的光阴是永远不停止的驰骋,它是绝不留情地挽回任何的一切,好容易难遇一日的我两,谈不上几句话儿就悄悄地消逝啦! 你觉得否? 就前两次你到敝舍来,坐不到几分钟时候又要催促你,使我俩不能有一些长时间的谈吐,真是恨极它的飞也似的速度,未晓那一时间我俩能畅快点谈一会。我希望有一不使我俩工作方面冲突的时间,才可倾吐各人的自事,即是最近你到我家来,坐不上一时间它又要匆匆地催你。

何况在家对于有些言语是不方便提起,因为隔窗有邻居的耳朵,当我俩没有正式的手续实行时,她们的尖嘴是非常难听,所以你来二次我只好阴【隐】约的对你说。本来当现在社交,男女之交怕什么,但是我家邻居是另一种时代十八世纪的人,最为评说他人的长短,好事从他们嘴里转转也变臭话,而我有【又】是最怕他们这一类鬼话,不是以前我常常对你提起过他们的态度。家父母非像他们,只要我俩意见相同,永远如此不变心,不出轨的程式下去。正轨的正仁君子对于任何人,在你未达到或达到目的,对待你终身伴侣或是你最真挚的朋友之时应能心力一致,永不受外界的引诱和染浊种种的恶习惯,你可有这种的意主? 并非我是自私的话儿,但是我理想有如此的微小的幻想能像你钦的人可是吧! 未知你可有我的影像在你脑海? 自去年至今我们的接交也差不多将近二年之时,到现在我要问你一句,是否你到底从内心的赤挚的心和我结为永久伴侣? 事实后会不会像他人阴【隐】瞒后的本面显现? 钦,你应要从内心的话真实语对我讲,而我平常的行态你总略知一些,对于精神和物质方面,当然我希望精神的结合永久保持,非是物质的享受一刹那即逐渐地消灭,若是已成为终身伴侣,能使精神上的友谊比以往的交情更加忠实热心,即是有难亦共当,有福同享,自的如愿。钦,你瞧了我的言话作何感想,请来函提明,详细的对我讲,好吗?

　　仰头整颈的望你来函。本星期日可有休假否? 勿娱勿娱。

　　敬祝

冬安

珍手书

1945.11.28 晚 9 时灯下

079. 余光裕致李志豪(1945 年 12 月 6 日)

余光裕也担心不能见面影响感情,但订婚仪式因工作关系仍需暂缓,希望双方不要对真心的爱情产生猜疑。

珍妹:

不错,我俩的友情差不多将要二年了,在这说短不短的过程中,我俩碰面的机会确是不容易,相隔数星期难得一次的聚晤,而时间往往是那么局促。我常觉得在会晤以后,每有一种惆怅的感觉不断在脑中起伏,正如你所说不能尽情地倾吐各人底心语一样。然而时至现在的我俩,需要的是更多的热情、更多的安慰,以及相互的了解,我早说过不复再容任何隐瞒的种子搀入在里面,而造成将后苦痛的根源。可是,实际上我俩每因某种人为的外因的阻阂,以及羞涩和互恐的心理,甚少作进一步澈【彻】底的细谈,当然一半还是为了各人职务上的牵制,而得不到充分时间,以致蕴怀着的心语老是无机诉述,同时火样的热情也只好把它压藏在心灵的深处了。因此表面上看来,我俩似乎都淡漠似的谈些碎琐,随即匆匆的分开来,而我俩的友情也在这淡漠的情形下逐渐地进展。以往我也曾为这种情形常常担忧着,它会不会影响及我俩的爱情?"不进即退"也许将会遭遇到意外变故的痛苦?但是我怕!我就最害怕这意外的变故!脆弱的心坎它决经不起这种刺激的击袭。

可是我俩毕竟又都在作无谓的猜测了呵!虽然借这相互的猜忌愈可证实真心的爱情。你的诚切的语意显示出你真心的流露,真够使我感动了!我很庆幸能在这冷酷无情的世界上获得像你这样的知音——我唯一的挚友。一个饱经环境播弄而又刚转入另一个新的环

境而正在挣扎着的他,他正需待你那样贤明和蔼的伴侣在旁鼓励着,
抚慰着,他现在已决不能失去一位知己的你,不然他就会像生长在墙
荫下可怜的小草,因得不到阳光的抚爱而缺乏生气,它显得是那么枯
燥黄萎,虽然是生存着,其实早已失去了生存的意义。

　　珍,请你相信我,别把我当作另一种人看待,虽然现社会尽多着
那种虚伪浮滑的男子,可是这不能相提并论的,我相信自己决不是那
种人,会抹杀了良心去欺骗诚挚的知友。以依人篱下而且最平凡无
力的他,也唯有让一个没有虚荣而颇认识爱的观念的朋友来做他的
伴侣,否则纵使是偶然的结合了,也无非是永远的痛苦。终之,一切
都在我俩自己的主意,只要能彼此谅解,有些困难也就容易解决了。
就拿我目前所处的环境来说,仪式的举[办]最好是稍缓一下,在吾想
来,真正纯洁的友情,不一定要用形式去束缚住,不知你以为如何?
我希望再能接到你的答覆。

　　最近因轮流休假,所以假期不固定,有时星期日,有时星期二,轮
到算数。前两星期日我都不休假,本星期日能否休假也还未定呢!

　　天气已转入严寒,你在厂工作该格外当心自己,不要受了凉呵!
匆匆祝你
晚安

钦

卅四、十二、六、晚十时

　　重读了一遍发觉措辞的重覆与遗漏的很多,夜已深了,我不预备
把它重抄了。

080. 刘梓庚致余光裕(1945 年 12 月 10 日)

刘梓庚在南京、上海、杭州间贸易,但物价下降,只能亏本售货。目前他已返回绍兴家乡,希望余光裕不要对陈尔镳和三舅父等人透露此事,并询余光裕空军近况如何。

光裕五【吾】弟如握:启者。前月由友人之帮助一同抵南京营生,后返沪,再购货抵杭。不料近因物价下游,以忍痛蚀本削售,此乃是愚之命运颠沛,刻有【由】杭返绍,舍下最静,数日后再行赴沪。祈请愚兹在绍勿不外面吐声,因敝三舅父及尔镳等均系不知。并询吾弟在队可顺利否? 甚念,并希字明。手此,即请
冬安
志豪小姐代候之

谱兄刘梓庚手泐
十二、十

此件信纸印有"上海天和钱庄"。

081. 顾久抗致余光裕(1945 年 12 月 19 日)

9 月,顾久抗离闽回浙,11 月 18 日抵临安驻防,后开赴吴兴,将于 12 月 31 日启程赴嘉兴。

光裕兄:

判袂多月,时切梦寐,曾奉数札,均未见复,念念。弟于九月九号离闽来浙,随队多日,于十一月十八日抵临安驻防,未久即奉令开吴兴,驻此未及半月,兹又奉令开嘉兴,戎马生涯,游辙殊难自定矣。敝队约本月卅一号出发去嘉,三四日可达,嗣后尚希教言,并乞迳寄嘉兴可耳。特函奉问,即颂

冬绥

顾弟久抗寄　十二、十九

令堂大人代乞道候不另

082. 刘梓庚致余光裕(1945 年 12 月 19 日)

　　刘梓庚合伙做生意亏本,回乡暂住,托余光裕帮忙在军政界介绍工作,且嘱咐勿将此事告知王康良等人。

　　光裕五【吾】弟如握:数旬不见,如隔三秋,近维诸事皆吉,是颂。启者。日前致康良兄信中附奉一信,内告一切谅荷台察。

　　愚兄承敝三舅父之情,以寓他处数月,而望前途亦无良好机缘,故因脱离。即同友之厚谊垫本合做生意,系跑京沪、沪杭线之处,不料最近物价下跌,只能蚀本售罄,此乃是时运不机【济】,命该如此,仍两手空空,业已回乡暂住。舍间焦急万分,且坐立不安,决拟离舍外出。想在兰谊亦为同情矣。兹顺笔奉询沪上附近地区有否军政界工作可干为托。因营生屡次失败,意以换换空气。此事请勿要同康良兄谈及,免吾之羞惭。再者愚兄现在给,因敝三舅父及尔镳均系不知,亦希紧言勿吐,乃祷。并询沪地近来市情若何,祈望一并示告。诸费清神,容后酬谢。草此,即颂

冬安

　　志豪小姐代为问好。

愚兄梓庚手泐

卅四、十二、十九

　　此件信纸印"上海天和钱庄用笺"。又有信封,包含以下信息:

　　信封正面:

　　　沪大场空军第二地区司令部第三地勤中队军需室

　　　余光裕先生启

绍兴府横街华仙弄一号刘缄寄

卅四、十二、十九

邮戳：

浙江　三十四年十二月十九　十八　绍兴

上海　五　三十四年十二月廿三　九　SHANGHAI

083. 陈尔镰致余光裕(1945年12月19日)

陈尔镰因陈三叔父说纺织业未来有希望,拟重整旧厂,与友人设立商号,定名"敬业号",请余光裕也来入股。

光裕我兄大鉴:自汝入大场空军司令部后,弟拟奉函问候,但不知正确所在,直延迄今,尚希原谅。日前接到来电,方知我兄曾有函寄给,可恨未能照收。日昨又接聆书,更觉欢忭万分。

弟本拟近日赴徐,因气候转冷,路途艰苦尤甚,而彼地货价均泻,故暂不启程。

自厂方解散后,我终日无聊,据家叔父等所云:"纺织业未来甚发达,颇有希望。"于是打定主意,重整旧厂,以求渐扩充,坚定实基。目下虽已小部生产,可是日来物价下跌,而原料高价早进,亏益难测。现由几友人动机设立一商号,一切筹备业已拟就,定名为敬业号,暂设地址于敝处,系合伙组织,以买卖各种商品运销各地。资金暂定国币二十五万元,分为五佰股,每股五百元,将来业务发达,再行改组扩充。素仰我兄抱志大业,热心工商,尚请不却参加,并希介绍,不吝赐教,乞再覆示为盼。专此,即颂

冬安

弟尔镰寄

十二月十九晚

此件有信封,包含以下信息:

信封正面:

　　大场空军第二地区司令部第三地勤中队军需室

余光裕先生　　台启

上海徐家汇路三七弄三一号

陈寄

邮戳：

上海　十二月二十　十八　SHANGHAI

084. 顾久抗致余光裕(1946 年 1 月 6 日)

1月5日顾久抗随部队驻嘉兴,任大队司书,即将开赴徐州。顾久抗听说夏懋修将去台湾做接收工作,并问候陈友华。

光裕吾兄台鉴:半载判襟,系念时切,正欲修书致意,忽奉朵云遥颁,捧读之余快慰何似。弟于三日由禾来沪,始昨日返队,因尊址未明故不拜晤。

弟现任敝大队司书,每月薪饷约计万余元,辱承关注,至感。

闻夏先生有出任台湾之息,堪感欣快,惟弟无缘追随,奈何奈何。友华兄在乡执教,弟曾去数函,然均未见复,颇以为念。

敝队不日即将开赴徐州,嗣后如蒙赐教,烦乞迳寄徐地可耳。治装倥偬,未及倾悃,匆此先复,余容续达。即颂

勋绥

弟顾久抗寄　元、六

此件信纸页脚印"久抗用笺"。

085. 余吕氏致余光裕(1946 年 1 月 8 日)

吕氏写信称已收到余光裕托芙蓉带回家的法币五千元。家中田粮杂税因余光裕从军而减免,只有捐款在付,吕氏让余光裕不必为捐税恳情于人。另让余光裕回家时随身携带粮赋证,勿让他人转交。

光裕吾儿入目:前由邮寄一函,并在芙蓉处收到法币五千元余,如何花之五千元期,因其货未税,却许缓交付,一俟收到后再容函布。

毛巾二条、胰皂二条先收勿念。长工仍是美先生,惟抛本,希续汇,掷事无不成。今庚大作都不好,柴已买过,法币二千五百元,再田粮杂税惟捐款已在付,年内亦只有两期矣,不必恳情于人。一切细详唯待有暇回家面谈是也。

粮赋证图片等将来,切望勿交于人带,须自回家随身携下可也。

余无别嘱,专问

近好

元月八日

母字

此件有信封,包含以下信息:

信封正面:

上海龙华大场空军第二地区司令部第三地勤中队大场机场

余光裕先生收

凌湖亭子前余寄

卅五、元、八

086. 陈友华致余光裕(1946 年 1 月 12 日)

　　同乡陈友华在西华敏恩小学任教师,写信请余光裕介绍工作机会。陈友华曾托顾久抗介绍部队的工作,因部队迁移断了联系,询问顾久抗的通信地址。另听说夏懋修去接收台湾,表示仰慕和祝贺。

　　光裕吾兄足下:春云飞来,春风满纸,百结疑团雪溶冰解。弟自十月间寄上小函,日颂德音,而望穿秋水,飞鸣绝影,几疑天上鸿鹄,已不念尘间燕雀。顷读手书,有一切近况前书已告之语,始悟从前芳讯不被,殷乔投江,定为妒者攫去,人情鬼域,可为寒心。惟经此倍显足下之赤诚,是则小人之播弄,实为我两人友谊之促进,殊不足介然于怀矣。

　　足下目前生活,因遭物价不节,略觉艰苦。然足乱浮云,已极人生大观,矧前途大有为乎? 还祈耐心处之。

　　书中以弟之地位引为己任,古道热肠,感极涕零,弟何幸得吾兄垂爱如此。弟自兄等去后,穷处僻壤,满目悠悠,举乡乏俦,间有一二知己,亦恨人相对无可伸述。十一月间,上地头敏恩小学因教员中途辞职,蒙友人何君绍介,聘弟续教,才重作冬烘先生,再操粉笔生涯。然嚼蜡之味厌倦久矣,所望者,早得君等拯援,脱离冷凳生活耳。

　　康兄自去后曾两度致函于弟,亦曾覆书问候,适值岛夷乞降之后,该队推进之际,信去人迁,依然退回,嗣后不复接其手书,弟亦无从探访其行址,嘉兴之驻,始得之于足下耳。今既知车迹,当函候旅况,一倾积愫。兄倘先得回音,请叩告我为荷。

　　令友夏先生作乘槎星使,按政于海外,故国宗悫之风,与夫将来班超之功。弟虽素未谋面,遂听风声,不觉倾倒,再三而为足下贺也。

　　足下府上平安,伯母大人清躬万福,均望弗念。弟于寒假期内亦将趋府叩安附白,以慰游思。公余有暇,请惠手书,使数百里间隔之良朋,得时从纸上通其情愫,幸甚。秃笔草草,请恕不恭,专复,即颂公绥

弟友华顿首
元月十二日

　　此件有信封,包含以下信息:

　　信封正面:

　　　上海大场空军第二地区司令部第三地勤中队军需室

　　　余光裕先生台启

　　　西华陈缄　元月十二

　　信封背面:

　　　元、十八、收到

　　邮戳:

　　　浙江　三十五年一月十三　十六　崧厦

　　　浙江　三十五年一月十三

087. 顾久抗致余光裕(1946 年 1 月 20 日)

顾久抗由古田回浙后,辗转临安、湖州、嘉兴、镇江,因而与上海女友葛映云失去联系。顾久抗去上海探访得知,葛已随其父赴台湾,备受打击。顾久抗称自己有意从军队离职,希望余光裕帮忙留意机会。

光裕兄:

顷展手示,备聆种种,谬蒙以谱兄见喻,曷胜汗颜。忆弟旅古未及三月,即奉令随队来浙,迳驻临安,在临未满匝月,复奉令开湖、禾等地,而辗辙驻此,以故戎马生涯,萍踪鸿影,旅途风味辛劳备尝。总之为国效劳,掌鞭何辞。

在闽时叠获葛映云手书,来浙后曾未得音。前次因公来沪,去爱文义路访葛,据邻居者云,已随其父去台湾矣。得息之下,顿形呆若木鸡,怅怏满怀,沧桑倏忽,殊出意料。辱承关注,至感。兄能与李早连玉结,是为额手,异日美满伉俪,必然所期。

兄拟脱诸戎马,弟有同意于兄,惟蜜缘为难,只得暂守军门。兄能如愿他就,可否代弟留意一枝,至所感幸。临颖匆布,余容续陈。
顺颂军绥,并祝
炉安

弟顾久抗寄

元、二十

朱银水是否在乡,便乞示知,为感。

若能相处工作,则可彼此观摩,英文庶不致疏忘也。

此件有信封,包含以下信息:

信封正面:

　　上海大场空军第二地区司令部第三地勤中队军需室

　　余光裕先生台启

　　镇江复兴街三十三号　顾久抗　元、二〇

信封背面:

　　顾久抗　元月廿三日到

邮戳:

　　镇江　戊　三十五年一月|二十|二十　CHINKIANG

088. 曹关海致余光裕(1946 年 1 月 21 日)

　　去年曹关海父亲去世,典去三亩田料理丧事,余钱投资苏州一家典当行,靠此收益维持家用。曹关海从吕光川处得知光裕进入空军,计划明年正月来沪,希望余光裕帮忙介绍工作。

光裕哥:

　　自接到你的来信,承告几位故友的消息并一切,我心中十分感激。

　　上次来沪时,在光川兄处得悉,你在空军方面工作,我问审以后,十分快慰,本当前来问候,只因时间匆促,所以不克如愿了。

　　家父在上年八月廿六日逝死,我十分痛哀。际此失业之期,又突遭丧事凑来,经济方面十分困难,因此不得意【已】只好典去田产三亩,料理丧事,又将余资并股于苏州新闻门外一爿典当中营利。现在该店营业还称不差,我家中费用全赖该店维持,然而营业不佳时则不能维持。有感于此,所以我心中十分苦闷,若有机会时,请你不遗余力介绍一职,我放【方】可安心。情在知己,出此衷心之语,想你定能洞悉,而解决我心中之苦闷,十分感激不尽。

　　现在时候已到冬季,气候严冷,望你身体保重为要。若在空暇时,时常来信通知我,俾得知道消息。而我也须要你时时教导,不致暮气来笼罩住我们青年的朝气。我大约在农历明年正月后来沪,届时又可乐聚在一处了,谈谈我们别后各人的情况。再会吧! 祝你健康并贺

新岁快乐

　　　　　　　　　　　　　　　　　　弟关海谨写于元月

　　我的通信处稍有更改,下次来信时请寄苏州齐门外顺仙园茶馆,转皇浩泾航船,转鱼池岸恒丰顺号曹家里曹关海收。

　　永久地址:苏州齐门外黄棣镇恒茂米行,转曹家里曹关海收。

此件有信封,包含以下信息:

信封正面:

　　上海大场空军第二地区司令部第三地勤中队军需室

　　余光裕先生　启

　　苏乡曹关海寄

信封背面:

　　元、廿三收到

邮戳:

　　上海　五　三十五年一月廿一　九　SHANGHAI

089. 余吕氏致余光裕(1946 年 1 月 23 日)

余吕氏到陈友华家请他代写此信,告知凌湖家中雇人种田收入不敷,去年 8 月又遭匪劫,余光裕寄回家的款项难以支撑家用。又称表兄森潮多次上门请余光裕帮忙介绍工作。

光裕我儿入目:顷接汝函,知汝在外身体平安,余甚快慰。芙蓉及致■之款(一万元),并固本肥四块、毛巾二条,均已照收。曾有函复汝,地址系寄龙华,未悉汝收到否?

汝能恪遵母命,深体家艰,余甚慰之。然非余不谅人,只重以艰境示汝者,亦实不得已耳。家中自汝去后,以田易工之生活已满,此后耕犁均系雇人,计将三十工矣,工钱饭食竭极耗销,而田中作物夏、秋二均减收,实无从以货易钱。八月间又遭奸匪勒索,缴谷九十余斤,以致口粮亦须籴入,故数月来实拮据万状。虽赖吾儿体念,迭汇款项,然杯水车薪,亦复仅济于事。计此次之款,购肥料二千五百元,购柴二千五百元,半已耗去,余作度冬之用,无望复存。故本岁虽困苦度过,而明春春耘工钱尚无着落,并欲添置稻桶一只、竹具数事,无往而非钱莫办,清夜萦思,不胜焦灼。惟望吾儿善体余之苦心,勉力从公,使余蔗境晚尝,不负余茹苦含辛,是所望焉。

家中捐税虽仍征收,数量较前略轻,况亦为期无多,吾儿亦不必函致乡保长,而贻妒者之口实也。

又田亩图照及完粮证,汝前次带赴沪上,顷政府将开始征粮,最好汝回家亲自携来,至于托人或亲戚,因事关重要,设有遗失,殊多周折。倘汝万难请假,可速来书告我,或余自来携取亦可,千切勿托他人也。

友华兄前曾有函复汝,不知汝收到否? 彼伏处乡里,汲引无人,得吾儿乘机推挽,早脱囊锐,亦友谊所及者。望吾儿弗负此嘱,慰余所企。

汝表兄森潮曾来余处,数次托余出信求汝介绍,盖汝在家时曾允其设法,况事关戚谊,亦属义不容辞,望汝于知友处广为介绍,使得一枝之栖,以成全之。且彼决于明春来申,以觅机缘附及之,勉汝留意。汝暇时可常来信,释余远望,是盼。此嘱。

母字

元月廿三

伯母大人贲临,嘱为修函,书中情实不能悉意,恃兄之视。潦草塞责,幸弗哂之。前奉书到达后望赐至,附此敬候不另。奉久康兄致足下函附呈览焉。

友华赘启

此件有信封,包含以下信息:

信封正面:

　上海大场空军第二地区司令部第三地勤中队

　余光裕先生

　凌湖余缄

　元月廿三

信封背面:

　元、卅、收到

邮戳:

　浙江　三十五年一月廿四　西华

　浙江　廿四　十六　崧厦

　上海　三十五年一月廿九　SHANGHAI

090. 章肇元致李志豪(1946 年 1 月 25 日)

　　章肇元听说李志豪入华纳印钞厂工作,写信祝贺。并替余光裕转告她,这周末余光裕无法休假,让她不要等待。

志豪:

　　久未通音,殊深系念,近由光裕兄传悉,你又入钞票厂,且比昔日为高,至为庆幸,祝你前程光大。

　　今晨因事到大场去看他,因时间匆促不及手书,嘱我转告于你。前他均于星期六来市,刻下因另一人不在,这星期恐不能出来咧。故他不一定来,你可以不必等他。

　　又你有一封信给铭,早已收到,我亦看到过。因她近几日来身体不好,故而未曾作覆,请原谅。草草数字请勿笑,祝
好

肇元草

一月廿五日午刻

　　此件信纸页眉印"保源烟行用笺",页脚印"地址：上海山海关路四〇三号电报挂号九〇四二"。

091. 顾久抗致余光裕(1946 年 1 月 30 日)

顾久抗已与陈友华恢复联系,陈友华找工作一事未帮上忙,甚觉惭愧,希望余光裕也帮其留意工作机会。又询问余光裕是否已与李志豪订婚。

光裕挚友:

日前邮奉芜笺,度达典签,未蒙赐教,无任企尔。日昨展获陈友华君来书,云其执教乡里颇为寂寥,欲外奔驰,恨乏引吸,弟实愧惭,无能提引,汗颜自顾。吾兄有机,乞为留神,倘陈君能颖脱遂囊,皆吾兄之赐予也。谨此奉达,即颂早祺,并候

炉绥

弟顾久抗寄

元、卅、于镇

李方有曾缔结否? 顺及。

此件有信封,包含以下信息:

信封正面:

上海大场空军第二地区司令部第三地勤中队军需室

余光裕先生亲启

镇江复兴街三十三号　顾久抗　元、卅

邮戳:

镇江　三十五年一月三十　十五　CHINKIANG

092. 顾久抗致余光裕(1946 年 2 月 4 日)

顾久抗部队将于 2 月 6 日转驻扬州,听闻余光裕与李志豪婚事恐有变化,询问详细情况。

光裕挚友:

日昨邮奉寸简,度邀垂照。敝队奉令进驻扬州,兹定本月六日开拔,嗣后如蒙赐教,希迳寄扬地探交可也。李方突变可否见告?谨此奉闻,即颂

新祉

弟顾久抗寄

二、四

乡里近况悉否,是乞示知为盼。

此件有信封,包含以下信息:

信封正面:

上海大场空军第二地区司令部第三地勤中队军需室

余光裕先生　启

镇江　顾久抗　二、四

信封背面:

恭贺

新禧

邮戳:

上海　五　三十五年二月六日　十一　SHANGHAI

镇江　三十五年二月五日　十八　CHINKIANG

093. 卢文惠致余光裕(1946 年 2 月 5 日)

卢文惠是余光裕旧友,在杭州的省政府警卫队工作,因在湖州遇到共同好友归宾孙而得知余光裕的通信地址,希望以后与余光裕常常通信。

光裕兄伟鉴:分别久矣,未通鱼雁,殊深抱歉。想必吾兄身体康健,公私顺利,为祝为颂。

弟回湖遇到归兄,才知兄地址,故草草作书,联络情感。以后希常常通信为幸。尚此作书,此请

绥安

弟卢文惠书

二、五

通讯处:杭州省政府警卫队卢寿祖

094. 顾久抗致余光裕(1946 年 2 月 11 日)

2 月 6 日顾久抗抵达扬州康山驻扎,从军后英文生疏想重新自学,请余光裕帮他代购《字林西报》等英文报纸寄到扬州。

光裕兄:

爆竹报喜,万家更新,吾兄其如也。敝队奉令于本月六日开抵此间,现驻扬州康山镇羊胡巷五十九号,恐在此驻期较长。

窃弟自从戎以还,对于曾习之蝌蚪文字殊多忽略,兹为求谙,以备应付起见,决拟抽闲自修,聊建其础。然批阅资料缺如,碍难攻习用,敢不揣冒昧,烦恳代购《字林西报》一份,或《密勒氏评论报》,最好按周赐寄敝队,每份计价若干,希示知,俾便兑邮附奉。

叨在知己,谅不见却也。匆恳,顺颂公绥,并候

新釐

顾弟久抗寄

二、十一、于扬州

此件信纸印"后方勤务总司令部东南区第二卫生大队用笺",又写有"63 号朱恩全"。有信封,正面书:

　　上海大场空军第二地区司令部第三地勤中队军需室

　　余光裕先生台启

　　扬州　顾久抗　二、十一

095. 吕光文致余光裕(1946年2月13日)

吕光文是余光裕的表兄,计划报考航空委员会机械员,但因高低不就而放弃,现在长安镇工业社工作。他写信询问余光裕近况,并请他代为去外滩姑母家看望。

汉钦表弟伟鉴:

别来数月,想必康健。我这次在乡间过年,廿七到家,初五动身,匆匆数日,未曾到凌湖府上叩问舅母为怅。

前日见报载,航空委[员]会招考机械员,我本来很有兴趣尝试尝试,可是高级点恐怕落选,低级点又不屑干,自学校出来后六七年,却养成了这番高低不就的尴尬人才。幸亏在这工业社,数万一月的薪水尚堪勉强,要是到那小型纱厂末途而机械业尚未正规时,不知将令我如何应付呢。

你如今工作怎样? 待遇如何? 闲时可常写信来。外滩空时去去,也代我望望他们。乡间常通信否? 草此,颂
安

光文鞠躬
中华民国卅五年二月十三日

此件信纸印"长安工业社"、"浙江长安镇　电报挂号七〇二二"。又有信封,包含以下信息:

信封正面:

江苏大场空军第二地区司令部第三地勤中队军需室

余光裕先生启

吕寄　二、十三

长安工业社股份有限公司

社址：浙江长安

邮戳：

浙江　三十五年二月十三　十三

096. 刘梓庚致余光裕(1946 年 2 月 17 日)

刘梓庚收到余光裕因经济状况未能与李志豪订婚的消息,写信回复,举陈尔镰因金钱成功而结婚的例子,劝慰余光裕事业成功后自然不乏配偶。刘梓庚还告知近况,并询余光裕如不愿随军队离沪,有否另寻工作。

光裕仁兄台鉴:新春以来,定卜筹祺畅达,诸事偕吉,是以为颂。忽接大教,均照聆悉。本早函覆,乃因弟耽搁友处,执笔勿便耳。近日脑筋甚乱,故此迟延答复,乃歉。

前函内云李事,望吾兄无用忧虑,希三思之。"财乃万能魔王",世界一切一切由其均可成功,例如"尔镰之妻岂非金钱来成功而配偶"。且吾兄亦系年青,望立志向上,定有裕光以胜商场,乃时财仗势强,俗语云:"功名已就,岂怕妻子没人送上。"此时所得之室必可才貌双全也。

函内问弟一切,虽已过了一年以换丙戌年,而仍依然如此,还未觅得机缘,且亦无生意可做,甚急。虽俗语云:"好汉难过正二月",此是说说而矣。而弟近来所住之地,以今日东、明日西,以似流浪生活,乱得心也勿安,且身体也勿健,常要生病。弟拟返乡一转,以暂养身体,吾兄意为何如?

再者,此日下午所拍电话生【声】音极低,且中途被公司已拆断,甚憾。闻贵队有开往西北之言,惟吾兄意欲不去,未悉可有新气象找着?为急匆之执笔,余乃后述。专此,即颂

春安

弟梓庚寄

二月十七日

此件信纸印有"上海天和钱庄用笺"。有信封，包含以下信息：

信封正面：

　本埠大场空军第二地区司令部第三地勤中队军需室

　余光裕先生

　刘缄寄　二、十七

　上海天和钱庄信缄

信封背面：

　地址：上海泗泾路二二号

　电话：一六四九九　一二〇八六

邮戳：

　SHANGHAI　三十五年二月十七　十六　上海

097. 刘梓庚致余光裕(1946 年 2 月 18 日)

刘梓庚因下雨未拜访余光裕,写信询问部队赴青岛的消息。

　　光裕仁兄大鉴:迳启者。此日午后电告,并云次日下午趋前畅谈。不料全日落雨,一刻未停,甚憾然。第三日雨停阴天,本可来前,乃因脑海中思想烦乱,以致头晕脚软,而睡床上。且今日又告落雨,仍以一步不动。

　　兹特具函探询:所云赴青岛军是否定局? 至于川资一项请勿忧急,弟近虽在难中,当负一点余数,祈洽。余容事机天晴,趋前面谈一切。专此,即颂

近安

刘梓庚寄

二月十八

098. 顾久抗致余光裕(1946年2月20日)

　　顾久抗感谢余光裕为他按周寄送英文报纸,另告知无法为陈友华介绍工作。马善樑曾请顾久抗代为探望他在镇江的老同学朱恩全,他探知朱恩全已去上海,请余光裕帮忙转告。

光裕兄:

　　拾伍号手教奉悉,知抱恙数日,始于日昨霍然闻之,欣歉交并。蒙允懈行,报按周赐寄,至感。

　　华兄事虽尽力夤缘,终难如愿获栖,由于米珠薪桂之所致,故均形人浮于事之现象,奈何奈何! 嘱代马君探晤朱恩全君一节,已应命往访。据云渠早已去沪,现寓云南南路十三号。祈转知马君、陈君处,一一代陈。彼似颇形亲善,虽未把晤,然神已往返矣。匆复,顺颂公绥,并祝

戎擢

弟顾久抗寄

二月廿日

　　此件有信封,包含以下信息:

　　信封正面:

　　　　上海大场空军第二地区司令部第三地勤中队军需室

　　　　余光裕先生亲启

　　　　江都　康山镇羊胡巷五十九号　顾久抗　二、廿

　　邮戳:

　　　　江苏　三十五年二月二十　江都

099. 刘梓庚致余光裕(1946 年 2 月 24 日)

2 月 21 日,余光裕因不愿随部队调离上海而从空军辞职。刘梓庚写信询问余光裕是否找到新出路,并安慰他不要为与李志豪产生矛盾而忧虑。刘梓庚仍在沪寻找工作机会。

光裕仁兄大鉴:迳启者。上星期手函,谅荷台察。

前来函所询贵队有开往东北之说,究属确实,吾兄并云再不愿同赴该处任务,未悉刻下有何新机缘找着? 乃念。

所云李事请勿尚念心中,身体还希保重。

惟弟尚系如常,每日东跑西奔,并无结果,亦为不安。前函云弟拟返乡一转,现以暂为不去,在沪预览机位,如有定局,自当函告。并望字复乃荷,余不细述。专此,即颂

春安

弟梓庚寄
二月廿四

此件有信封,包含以下信息:

信封正面:

本埠大场空军第二地区司令部第三地勤中队军需室内托递

余光裕先生　台启

刘缄　二、廿四

上海志成贸易公司缄

办事处南无锡路仁德里四号

邮戳：

SHANGHAI　三十五年二月廿五　九　上海　一

100. 陈友华致余光裕(1946 年 2 月 24 日)

陈友华得知余光裕打算辞职空军,元宵节后去余家看望时,将此事告知余吕氏。余吕氏认为名重而利轻,部队调去常州并不算远,劝余光裕不要辞职。乡间传闻东北苏军有行动,陈友华让光裕打听消息,如属实,则建议余光裕尽快脱离军队。3 月 6 日余光裕才收到此信。

　　光裕吾兄足下:闲对春光,正念故人,读手书蒙拳拳于槽下一鸷,亟欲引致康庄,介以文书,告以薪给,情意殷殷,不胜感佩。伏思弟穷处乡里,投效无门,自思羁足粉笔,何能奋我,妄企然孺悲无介,故不得不蛰伏同巷耳。今幸鸡群凤翔,正思依攀,何幸卓荐,此故下情所愿,尚何希冀之有? 虽上士阶卑,与夫薪饷低薄,私心惟以此为梯阶耳,所忧者陋才浅学,难膺斯职,中途简斥,重负足下辱爱而增羞也。

　　贵队既或奉调常州,常州苏属也,介于京沪之间,去故乡无阻梗之感,而足下之意,目下虽期待整军会议幕后之实施,仍存辞职之意,弟窃不解。夫前者管窥之见已呈决于大才,所以最进于足下者,亦以重伯母之嘱也。盖弟于元宵后一日曾趋府叩贺伯母新禧,蒙伯母待逾通家留以午餐,席间告足下去岁致我书中之意,因队将东调欲拟辞职等语,伯母大义炳然,雅不为是,以名为重,利次之,并嘱弟致书劝兄弗辞。以伯母之望兄之切,兄宜善体亲意,以奋前途。

　　且弟倘蒙吹嘘,得跻同列,则同处一处之愿望实现,此后携手话旧,扫除客中岑寂,故弟尤不愿足下他往,少谆谆指示者,尊意然否? 示来及之。鹣枝若成幸即示,俾弟束装立上。

久康兄近无信来，不知已檄调何处，蒙其深情垂念，无日以忘，足下去信，祈达系念为荷。专此，即颂

台绥

弟陈友华顿首

二月廿四日晚

号体新痊，祈珍摄。

晨闻乡间谣传，国际和平或未可望，东北苏军有轨外行动，足下身处空军，音较为确若，消息果实则请暂辍推挽，兄亦亟宜设法脱离，而慰故人远系。友再及。

此件有信封，包含以下信息：

信封正面：

上海大场空军第二地区司令部第三地勤中队

余光裕先生启

快信　西华陈缄友华

信封背面：

二月廿四日

三、六、到

邮戳：

浙江　三十五年二月廿六　崧厦

101. 顾久抗致余光裕(1946 年 2 月 24 日)

顾久抗祝贺余光裕弃戎从商。他探得朱恩全在上海的地址,请余光裕转告马善樑。另英文报刊尚未收到。

光裕挚友:

念一号手教奉悉。知足下已辞戎转商,深感欣慰。弟实无门黉缘,故仍惟混迹戎野,至为怅憾。日昨付邮寸简,未审垂照否? 念念。

马善樑君之同学系在沪云南南路十三号,祈转洽。匆复,即颂

筹绥

弟顾久抗寄

二、廿四

英刊迄未收到。

此件有信封,包含以下信息:

信封正面:

上海金陵东路外滩祥安里四号怡丰泰报关行

余光裕先生:启

扬州　顾久抗　二、廿四

邮戳:

江都　三十五年二月廿四　十八　KIANGTU

上海　十三　三十五年二月廿六　九　SHANGHAI

102. 章肇元致余光裕（1946 年 2 月 27 日）

章肇元看到报载特派员办公处结束，询问管克非的去向，并问余光裕是否随队调常州，或去外滩姑母的转运公司任职。章肇元因铭与老同学密切通信而吵架分手，现在东南制盒厂临时帮忙。

光裕：日前外滩别后，未知您有否碰到老管，今报载特派员办公处于本月底结束，未悉他本人作[何]计划及发展。

您们何日调常州有确讯不？您到底如何，辞职呢，还是跟去？外滩姑母的转运公司如何？前说起的袜厂事已无望。

您我二人真是天生一对，什么都会相同而来。我与铭是断了，原因是她与一旧同学通信甚密，我阻止并劝告好几次而不听，心火上升不可抑，大闹一场，掀动满屋，终于永久不再相理。

近来大都时间在虹口美德路大连湾 430 号东南制盒厂，他们不算雇我为职员，事忙时帮一些忙，像是亲戚一切。那里电话是五二五四二号，您有事可打电话我。祝
好

肇元草

二月廿七日

此件有信封，正面书：

大场飞机场第二地区第三地勤中队军需室

余光裕先生展

大连湾 430 号章械

103. 归宾孙致余光裕(1946 年 2 月 28 日)

归宾孙是余光裕在福民的老同事,福民辞职后返乡,在杭县县政府工作,去年 10 月到湖州吴兴工作。归宾孙 2 月 19 日收到余光裕来信,回以此信告知近况,并附至王康良、曹关海两信托余光裕转交旧友,恢复联系。

(王曹二函烦乞转交)

光裕兄鉴:

申江握别,瞬迄一载有余,怀念之忱,无时或释。顷奉十九日手书聆悉一一,并承告各友近况,铭感五中。

弟自前年返家,因当时环境恶劣,逐【遂】参加杭县县府工作。二十四年双十节旋承舍亲绍介,到湖州工作,光阴如梭,不觉将近半载,惟鱼鹿频年,无可告述,忝在爱末,决不见责耳。风便尚乞赐教,乃祷。耑此,即请

近绥

归弟宾孙寄

二月二八日

此件信纸页眉印"吴兴县县税征收处城区稽征所用笺",页脚印"地址:骆驼桥务前河二号"。

104. 归宾孙致余光裕

归宾孙得知余光裕弃戎从商，回信称已辞去吴兴县税处职务，拟返塘栖经商，并询王康良、刘梓庚、杜聘三等福民旧友的联系方式。

光裕我兄大鉴：顷接来函敬悉一一。贵队调防，台端已转入商界，为慰为颂。弟今亦与阁下同一命运，顷已辞去县税处职务，拟五号返塘经商。嗣后如有赐教，请寄"塘棲市心街大华药房"可也。

关于康良脱离东华，迄今尚未接得来函，便中请将弟之通讯处转告，乃祷。耑此，即请

大安

弟宾孙寄

梓庚兄及康良兄■聘三兄通讯处乞示知。

105. 余光裕致李志豪(1946 年 3 月 1 日)

余光裕写一篇议论性的散文送给李志豪,表达女子的青春不应靠人工的修饰,而要靠精神的愉快,勉励她不要惧怕时光的流逝和容颜的衰老,也不要留恋过去的美好,向着快乐的未来去进步。余光裕在空军时迟迟不能订婚,导致李志豪父母反对婚事,两人几欲分手,此信说明 3 月余光裕辞职空军后二人关系好转。

"衰老"! 是多么可怕的形容词! 它是破坏人类幸福的恶魔! 尤其是对于女子更为可怖。有人说,女子大部份时间消耗在镜子面前。揽镜自顾虽是在找寻青春,但又何尝不在暴露着衰老? 对于发现一根白发的恐惧远胜过对于美丽的发式的快乐。但是有钱的人拼命的在吃珠粉、洗牛奶浴,无钱的也少不得要将价廉的脂粉来涂抹一番,可是人工的修饰怎能永久的掩遮住时光的折磨? 终于会使你老态毕露,而且衰老得更快!

青春,青春的涵义并非就是容貌的娇艳,容貌仅是一层外衣而已。唯有内心的活泼与健康才是真正的青春。当内心衰老时,它立即影响到外貌,于是在不知不觉中使你目光失神,皱纹增加,行动蹒跚,精神萎靡。在这种情形之下,无论你在容貌方面如何的滋补以妆粉,绝对掩饰不了你的衰老。

所以,聪敏的女子啊! 要永久的保持你的青春,绝非进补妆粉所能奏效,一定要从内心着手。这话你或许认为有些玄妙或者不着边际吧! 但是请你细心的观察一下周围的人: 那一种人"未老先衰",那一种人"驻颜有术"? 两者之间决不是以财产的多寡来划分的。有时你会觉得一个浓装艳抹的人反而更觉得衰老丑陋,而一个愉快的

淡装朴实的人都显得格外的焕发美丽。保持青春的第一要谛是要心
地愉快,快乐的人生才是美丽的人生。但快乐的获得并不是在于物
质的享受,因为物质的享受是暂时的、浅薄的。固然"人生不如意事
常七八",尤其是在这种年头,大都数的人天天都在为衣食住行发愁,
为国事演变担忧,那里会有快乐的心情? 其实,这种见解是错误的,
要知道快乐是要争取的,而不是自己送上来的。假如你逢到了不如
意的事,你采取什么措置呢? 假如孩子要付学费了,而家中拮据你怎
么办呢? 你就此整天的发愁吗? 但唉声叹气的结果又是什么
呢? ——除了促你苍老,没有其他。问题还是放在那里,就是愁白了
头,问题还是没有解决。

烦恼是快乐的死对头,而唯有快乐才能压制烦恼。烦恼的可怕
不在它的本身,而在你沉溺其中而不能自拔。切勿因烦恼的事发愁,
唉声叹气! 要勇敢的面对现实的去解决它! 假如供孩子的学费产生
了问题,那末就该设法如何去筹集款子。一个战斗中的人,永远是快
乐的,因为他不会想到烦恼。年龄的增长,对于你也许是可怕的事
实,但是,这个"可怕的事实"却是无法避免的。不要时常对自己说:
"老了,老了。"即使你年长至五十岁也并非真正的衰弱了。

近代的心理学者告诉我们,一个五十岁的人在智力方面是与一
个廿五岁或卅岁的人一样,除非你将脑子弃置不用,否则它总是保持
着活动的能力。为了年龄的增长而在容貌方面格外刻意装饰,实在
是要不得的事,有这种时间与精力,何不做些愉快的活动? 时光是在
警惕我们进步,而不是让我们留恋过去,过去的一切无论如何美的如
何甜蜜,但毕竟是过去了,唯有使现在和将来怎样更美的、更甜蜜才
是人生的真谛。

时光飞逝,它无情的在你的美丽的容貌上刻下无法消除的烙印,
累□的烙印终会毁坏你的美貌,但是它无法夺去你的青春,只要你能

够祛驱烦恼,把执住快乐!

志豪

卅五、三、一、下午二时完稿

此件为草稿。纸背写有一份名单:

管克非　陈福祯　陈尔镳

王康良　归宾孙　曹关海

周　正　胡渠铣　章肇元

章镜明　蒋耕声　郑镇涛

曹昌榆　马善樑　陶天泉

丁泉昌　胡伯铭　林春琼(玉琴)

李国雄　冯　焘　吕明山

吕志梅　李久甫　宝沅陈先生

吕光川　吕光浩　潘水祥

臧澍堂　陆本仁　俞锡华

吕光普　夏懋修　祝明珊

朱尔开　顾久抗　胡久甫

居耐安　建国西(福履理)路120弄7号77560　居家
95331

106. 顾久抗致余光裕(1946 年 3 月 2 日)

顾久抗询问夏懋修是否已去台湾,及余光裕任职的近况,称自己正拟辞军另寻前途。

光裕兄:

蒙颂英■,并尊札始于今晨奉悉,真挚友爱令人可钦可感。夏懋修君有曾去台? 吾兄更任何职? 月薪若干? 统希详为见示。

敝队于不久之将来,当有奉束之可能。身立戎野,前途堪虞。但弟不善交际,鲜乏北海之交、龚孙之门,奈何奈何。公余时乞教言,不胜企盼。匆此,顺颂

筹绥

弟顾久抗寄

三、二

日昨寄贵行一函,是否收到,顺示及。

此件有信封,包含以下信息:

信封正面:

上海金陵东路外滩祥安里四号怡丰泰报关行

余光裕先生台启

江都　顾久抗

后方勤务总司令部东南区第二卫生大队缄

邮戳:

上海　三月五日

江都　2.3.35　KIANGTU

107. 余吕氏致余光裕(1946 年 3 月 5 日)

余吕氏责备余光裕过年只给陈友华写信,而不给母亲寄信,称余光裕如因她 100 号信中劝阻辞职一事记恨,则实属不孝。吕氏年过四十,亲种田亩,责怪余光裕不体谅她的辛苦,打算放弃佃权安享晚年。弟弟余德钦开春去黄家堰上学,让余光裕买一双套鞋带回家。

光裕吾儿:去岁腊底曾致书与汝,日盼回音,而逾年关,迄正月,杳无覆函,余不觉始而疑,既而忧。疑者,汝素勤于问候,今殊绝家报,怀衷莫测。忧者,汝不慎寒燠或罹小疾,致无力裁答,深为悬悬。

及正月三十日至汝友友华处探询,知汝曾有函致彼,并允为设法其地位,汝挚友如此,定不致悖理于母,故觉老心稍慰。惟是既不修书及余,又不于友信转函,汝诚何意而增余之望也? 岂前诸信中刺刺之语,汝引为恨? 若果如此,是真不谅余矣。余之所以告汝,欲汝深体余艰,前途好为之耳。顷者乡间亲戚邻居频来探问汝,询余实无从致答。盖真语,则扬汝不孝且溢余羞。伪应,则雅不愿。儿其思之,母也何安?

且余年逾四十,自操井臼,并亲种田亩,含辛茹苦,均为汝等日后计耳。今汝不体老母维艰,余复何望? 况年来毛血甚衰,颇感无力于此,故拟放弃佃权,以逸晚景,余意如此,汝其何如?

汝弟德清今春开始入学(王家堰),雨路泥泞,甚为不便,兹附上汝弟鞋样望照样购套鞋一双,即交便人带来,并望见信即覆为要。此嘱。

母字

旧二月初二日

此件信纸中缝印有"天生祥"。有信封,上书:

烦交

余光裕先生启

凌湖余托

108. 顾久抗致余光裕(1946 年 3 月 6 日)

顾久抗即将随军开赴徐州。

光裕兄：

　　日来公务奇忙,未遑搦管,致候歉甚。辰维筹祺邕绥,起居佳胜,定符颂忱。敝队奉令即将开赴徐州,嗣后如蒙赐教,请转寄徐州环城马路第一卫生大队朱军需主任从声转是耳。匆达,即颂
公绥

顾弟久抗寄

三月六

此件信纸印"后方勤务总司令部东南区第二卫生大队用笺"。

109. 余光裕致余吕氏（1946 年 3 月 11 日）

　　余光裕回复 107 号信，称 2 月曾寄信回家告知辞职，信件被邮局丢失，致使余母误会儿子不孝。余光裕解释称，入职空军以来，物价飞涨，过年期间看病用尽薪金，又因李志豪屡次催促订婚，而无力举行仪式，致使李志豪的父母不再同意两人婚事。大场空军第二地区司令部第三地勤中队将调赴常州，而薪资待遇并无改良，所以余光裕决定辞职，在表哥和姑母家的运输行帮忙，家用款项稍缓再行寄归。

母亲大人膝下：

　　敬禀者。接奉吕家埠便人口信及慈训，均已敬悉。儿于上月曾寄奉一禀，大人信中云未收到，谅或为邮局方面遗误，因致大人误解。儿岂有意见，实则完全出于误会也。

　　儿自入空军以来，忽已五月。初进时，因物价较低，生活尚可过去，但好景不常，一月后物价接连腾涨，致所得薪饷除过伙食而外，所存已无几，本急于筹款寄家，无如今年废历新年因至亲友处之拜岁钱及茶包等用，并又因身体不适，耗用医药费等，其薪饷早已预借用尽矣。虽则病已痊愈，然因感于家用待款，而所任事之机关复动荡不定，故心境殊觉恶劣。尤以李小姐因屡次催促订婚，儿感于自己环境不允许，目前无力实行仪式，竟致家长方面另起变卦，自此精神上亦稍受刺激。

　　最近三中队调常在即，儿以待遇未见改良，无心随往，盖干军队生活，若要论顾家用，实觉难事，而家中经济情形，亦不容儿继续干下去，因此早存辞意，但一时又难觅较好机会，蒙汉照表兄嘱儿先行辞职，暂在行中相帮。故儿已脱离大场，现为行中做事。致【至】于待遇,因刚复业,生意尚未做过,且又属戚谊关系,尚未谈过。希望以后客货增多,运输业尚可乐观。终之现在暂混,以后有机会再说。

托芙蓉姊带上口信,谅已洞悉,家中用款俟稍缓,当设法汇寄。胞弟之套鞋待有便人一并带奉。唯赴黄家堰读书路太远,靠河边之泥路,如雨天太危险,儿意不妨多走些路,从南大路至黄家堰比较安全,祈嘱胞弟须格外当心,为祷。大人含辛茹苦,儿所深知,若环境较好,岂忍大人久务田事,奈时运实不佳耳。但愿以后儿之境况转好,则田事自可放弃,望大人念在骨肉,加以宥恕,为祷。肃此,敬颂
福安

儿余光裕叩上

民国三十五年三月十一日

此件信纸页眉印 "上海怡丰泰报关行用笺",页脚印有"上海法租界公馆马路外滩祥安里四号　电话八二六〇一号　电报挂号一八三七(怡)"。

110. 余吕氏致余光裕(1946 年 3 月 13 日)

3 月 13 日同乡芙蓉从上海回到凌湖,声称余光裕因与李志豪分手而从空军辞职。此时余光裕解释辞职原委的 109 号信尚未到达凌湖。吕氏听信芙蓉的消息非常气愤,骂余光裕为一女子放弃前程,不智不孝。余光裕入空军后,乡间捐费全免,辞职将受乡邻讥笑,所以吕氏令他恢复原职。

光裕吾儿:

自正月廿八日致书与汝,日望回信。而芙蓉来闻,汝因失意李女,脱离大场,汝何颠痴若此,使余寸心皆碎矣。余自汝父亡后,万般辛苦,所望者汝耳。今汝不习上进,为区区一女而殊然捐弃前程,重伤老人之心,非惟不智,且不孝甚矣。今限汝仍复原职,不然吾亦无面目见汝矣。乡间捐费自汝入空军后全数豁免,今汝突然离职不仅为人讥笑,且益重家庭累矣。附白以勉汝,事成望来信。至于歧思异想,嗣后务须捐除,以慰余念。前次汝携去之图照、完粮证,可安置姑母处,免有遗失。此后有信可转西华陈友华侁处转余可也。此嘱。

母字

三月十三日

此件信纸为"昌记申庄用笺",印有"上海法租界公馆马路外滩十五弄四号　电话八二六〇一号　电报挂号〇七二九"。又有信封,包含以下信息:

信封正面:

上海公馆马路外滩祥安里四号怡丰泰行楼上

吕光浩先生转交

余光裕先生启

崧厦凌湖余宅

上海聚成烟草公司

信封背面：

三、廿

总厂　法租界斜□□□徐家汇路中

电话□□□八〇号

邮戳：

27.3　SHANGHAI

111. 吕永山致余光裕(1946 年 3 月 13 日)

　　舅舅吕永山替吕氏写 110 号信,并再附一信,为余光裕遇人不淑而惋惜,劝他托陈先生夤缘长官,恢复原职,或吕永山也可亲赴上海为他说情。

　　光裕姻侄台鉴:顷芙蓉姊来云,贤侄因处事不慎,略有失意,现寓怡丰泰。闻讯之下,不胜惊诧,而代为惋惜。贤侄遇人不淑,殊遭意外之变,局外者尚扼腕蹴足,况当局者宁能坦然自若乎?此番失足,势必然也,惟是贤侄前程远大,今为区区之故,殊离大场,不但前途有碍,且关令誉。故余意以贤侄顷在忧烦之中,暂寓怡丰稍摄愁思亦属所宜,一面当即托陈君设法夤缘长官,使此职重复。以贤侄英才干练,定不致有摈斥之虞,倘运动得当,速修书来,余当赴沪,安为说项,切切。余老矣,所望者昏花老眼看贤侄等飞腾耳。今贤侄情潮厄闰,致骥足系丝,故不仅自艾,且为惜也。望贤侄速从余言,而慰尊堂远思,并望即覆为盼。专此,顺问
近佳

愚吕永山启
三月十三日

　　此件与 110 号信使用同种信纸,同一信封,笔迹相同。

112. 陈友华致余光裕(1946 年 3 月 14 日)

陈友华通过吕氏得知传言,写信安慰余光裕青年英才不患无佳侣,上海女子大半是随风柳絮,可为他物色更好的乡间女子。还劝余光裕托陈先生斡旋,恢复原职,以慰母亲之期望。

光裕吾兄足下:两上芜函,正切云树。伯母来知吾兄近况,不禁欷歔久之,足下用情专一,期收飘萍,而桃花逐水,殊过前村,似此打击实属痛心疾首,处身当局难免心怀悒悒。然弟以为,当头棒喝大可作处世殷鉴,足下年富才英,何患无佳侣?往昔绮情譬如槐安甜梦,转舵扬帆从此努力前程,将来床焚檀香使其自抉,双眸一洗捐弃之愤,不宜为小失意而万念枯槁,顿灰壮志,有负天地生才之意。且伯母晚年亦亟望足下腾达飞黄,使桑榆晚景倒啖甘蔗,足下纵不为自身计,凛念劬劳,亦应曲体亲意,奋志云霄。

沪上女子非弟武断诬蔑,女界大半皆无力杨枝,随风柳絮,纵令啮臂情深,转瞬掉头不顾,作春日看花则可,若一搁深情尽付伊人则不可。倘足下有意求凤,乡间不乏佳丽,弟当物色招命,务使后至者胜前,再勿恋恋易谢樱花。

足下辞职原由弟已略悉梗概,怒斥严训军中纪律使然,此足下所素知,奈何以一朝微愆径离空军,还祈反躬自疚,托令友陈君大力斡旋,谋复此职,上以慰伯母属望之殷,下以释故人千里之想。弟也辱承错爱,故不觉蘦语直陈,言不自检,幸其恕之,并望速覆为祷。专此,顺颂春祺

弟陈友华鞠躬

三月十四日

此件有信封,包含以下信息:

信封正面:

上海公馆马路外滩祥安里四号怡丰泰行楼上

吕光浩先生祈转

余光裕先生启

西华陈缄   三月十四日

上海昌记申庄缄

电话八二六〇一   法租界公馆马路外滩十五弄四号

邮戳:

浙江   三十五年三月十五   西华

上海   十三   三月十八   九   SHANGHAI

113. 陈友华致余光裕(1946 年 3 月 21 日)

3 月 21 日,陈友华接到余光裕 109 号来信,知道自己误听传言,将辞职的缘由转告余吕氏。吕氏对余光裕弃戎从商仍不满意,希望余光裕不要依附姑母的怡丰泰报关行,以免乡间落人口实。顾久抗在扬州为陈友华寻得少尉司书一职,但学校暂不允他辞职,托余光裕代为转告。

光裕吾兄足下:接手书知足下因贵队东调,遂乞身引退,前者过听传说,自觉切责太甚,不胜歉歉。伯母大人望兄远音甚切,故接得足下书后,曾晋谒禀陈足下辞职之由,以解老人之惑。

伯母以为舍戎就商颇不怿意,且以运输一业生气尚未蓬勃,故嘱弟转告足下宜急谋他业,以冀前途,不可沦沉怡丰,倚附亲戚,而遗乡间口实。承命如此,合当转达,希足下大才裁决。

弟之机会承兄刻不遗忘,虽遭环境变幻,不克实现同处,云情高谊已足感佩终身,况彼此壮年,何患后无遇合,请足下弗忝于怀。

康兄顷有信至,已为弟谋就枝栖,促令即赴扬州,职为少尉司书,月薪一万二千五百元。好消息天上飞来,弟亟欲束装东上,不料事出意外,盖弟今年仍坐青毡,中途脱离,接替无人,故校方浼为勾留,物色有当方准卸职。俗谚云:“急惊风遇着了慢郎中。”令人焦灼无极。且敝校待遇菲薄,后来者茫然难期,自搏头戏,实呼负负,欲思绝裾东去,碍于故里情面,因循不行,实负康兄辱爱。日来进退不啻羝羊触藩,思之至再,惟复康兄暂辍行趾,倘康兄不谅人,只以为弟贪恋乡里,就安惧危,是不仅有负感情,且重得罪于故人矣。似此情景,弟真难自善处,足下去信时请为剖白一二,弟致康兄信中亦曾与兄绍介,

托其安抻鸾趾,使将来三人同处一块,共济和衷,以期连袂图进,足下
以为善否? 日来阴雨连期,一年春光几将随雨过去,思往忧来,倍觉
愁切杞人,得故人等一书辱临,以解想【相】思为幸。专复,即颂
台绥

陈弟友华顿首

三月廿一日

寄府信札伯母嘱转弟处请洽。

114. 余光裕致李志豪(1946 年 3 月 23 日)

李志豪来信关心光裕的新工作,余光裕回信称运输行工作时间更自由,工作前途也许乐观。余光裕在空军时曾因工作关系,无力与志豪订婚,而与她分手两个多月未见面,他约李志豪在大光明影院见面,重拾旧情。

珍:

连日阴雨使得每个人都会感到了抑闷,然而一旦红日拨云相见,对清朗的阳光也就格外觉得可爱和高兴了! 相信在两天里已饱受了每天苦闷的人们啊,当他们见到阳光的重临时,会开始意识到能在这料峭的初春里还带来了不少生气呢! 可是自然界的一切原非人们的怕雨厌阴而为牵制,相反地雨还是会落,气候也随时会变,因此我们也对这不可抗力的天时,也唯有听之自然!

承你关切地问着我,除了感激之余,也委实渐【惭】愧。凭着过去的经验告诉我,对于我目前任职运输行的前程,是不能遽加妄断的,譬如说,像以往的有些地方,起初认为是合于理想,但结果却会违于理想,如投身空军即是一个例子。不过现在在这里的地位是有一些的,正因为知戚上的关系,一切自然比较自由得多,星期日休假,平时也可随便外出,不受任何拘束,眼前因复业伊始,业务正在扩充中,至于将后运输业的前途也许可以乐观的。

分别已二个多月了,我也极希望能够见一次我久别的挚友,谈谈别后心中的积愫。星期日(卅一日)午后二时请在大光明门口等,要是你这天休假的话。祝你

　　幸福

　　　　　　　　　　　　　　　　　钦

　　　　　　　　廿五、三、廿三、十一

　　星期二(廿六日)晚七时半在大光明影院门口等你。

　　如无暇请于六时电八二六〇一

　　此件信纸印有"昌记申庄用笺"。有信封,写有：

　　　上海中正中路爱仁里五十号

　　　李瑞云先生

115. 余吕氏致余光裕(1946 年 3 月 28 日)

余吕氏收到李久甫替余光裕寄来的款项、套鞋和信件,知道余光裕辞职空军是为经济前途,回信希望余光裕在运输行勤慎工作。辞职一事,芙蓉有意污蔑虽然可恨,如在上海相见不要诘责致伤情面。

光裕吾儿入目:顷接汝托久甫寄来一函,及法币二万五千元,套鞋一双,并田亩手续大小各一封,均已照收。久甫口信已详告余矣。

汝既为经济前途自动求退,余已释然。芙蓉有意诬蔑,实属可恨,惟事已过去,倘彼至申相见,望汝强加含忍,弗加其诘责,致伤情面。

汝在行工作,余甚放怀,惟望汝勤慎从事,以释余忧。久甫路上平安,托余转咨汝放心。彼于汝一节,在乡颇为维护,附告以释汝念。此嘱。

母字

三月廿八日

116. 余吕氏致余光裕（1946 年 4 月 5 日）

　　余光裕没有收到 115 号信，怕吕氏仍有误会，又通过吕家埠转寄一信澄清，使用了怡丰泰报关行的信封。吕氏回信称，李久甫回乡帮他支撑名誉，乡邻都不知他已脱离空军，为免邻里亲戚议论讥笑，让余光裕用空军的信封寄信回家。另催光裕寄款回家，并希望他采纳陈友华的建议娶乡间女子。

　　光裕吾儿：久甫带来款物已曾发函致汝，顷读汝续发之函，及友侄转言，谅前信汝尚未收到。

　　乡间自久甫来后，大为汝支撑名誉，不料汝吕家埠转来一信，却用报关行信缄，汝真自毁矣。余非虚荣太甚，硬撑场面，炫耀闾里，盖乡下势利情形，汝所素知，一朝秘密揭穿，则此后之冷讥热嘲，明目欺负，余又不可一耐矣。盖自汝寄怡丰泰信来后，左右邻里及亲戚已窃窃私议，蜚言充耳欲满，然为经济前途，余亦不能强令汝重入空军，惟望汝常以空军信缄设法时寄家中，俾暂隐瞒，不致重为讥笑。

　　余近为秧田之甚感气忿，顷雇工在二亩头开凿池沼，汝寄来之款籴米四斗外，现正作雇工之费，田中肥料尚未购就，余真焦灼无极，汝在外若稍有余款时望汇乡，盖此后田中负担日为加重。

　　婚事一节友侄之论甚善，前者因汝坚执己心，故因循至今，若肯附从余言娶乡间女子，则余宁贷产成汝大事。望汝即来信以慰我心，余无别示。此嘱。

母字
四月五日

此件有信封,包含以下信息:

信封正面:

　　上海金陵路祥安里四号怡丰泰报关行

　　余光裕先生启

　　西华陈缄

信封背面:

　　四、五

邮戳:

　　浙江　三十五年四月五日　崧厦

　　上海　十三　三十五年四月九日　一　SHANGHAI

117. 陈友华致余光裕（1946 年 4 月 5 日）

陈友华替吕氏代写 116 号信，自己又附一信，劝光裕不必先友谊后订婚，可直接与乡间女子结婚。陈友华听说军队薪资丰厚，仍想向学校辞职，投奔顾久抗从军。

光裕吾兄足下：顷展芳函详示过去情形，甚感挚谊。前者传闻失真，而管窥未见妄进箴谏，虽承色荒，实增汗颜。李小姐既尚守身待君，足下亟宜成礼，以免重致蹉跌。若难月圆花好，则请放弃成见，附从弟言，求偶故乡。盖足下虽以迟蹉终吉，然伯母含饴殷切，且新妇入门亦可分劳井臼。至于先友谊而后订婚，只弟头脑冬烘，折倒文明，终以为善始者必不善终，试看爱欲河中有几对情种同偕白首者？足下既已深味恋况，尤应打销新学，重慰亲心，乡间成事亦无须多大力量。弟已间告伯母，大合老人之心，亲意如此，足下然否？

大场既已由空军站接收，令友胡君仍入股务，实为绝好机会，足下当自定卓见，量力处事，以谋前途。万一顾念经济不愿重入，在可能范围为故人留意为幸。

府上昨曾晋谒，与伯母絮谈半日，其致吾兄意者，嘱弟专笔转函，兹附奉请览。久康兄至徐后可有函致兄否？阅三月三十一日报载，官佐士兵之月薪有加至六倍以上者，少尉为四万五千元，与商相较虽相去仍远，然比之弟执鞭已不可同日而语。此心跃跃不可遏止，拟坚辞教职，首途北上，惟校方容否尚未知，俟后再告。专此，即颂台绥

陈弟友华顿首
四月五日

足下寄跺之田亩图照，弟已代为点验无误，请放怀可也。

此件与 116 号信使用同种信纸、同一信封，字迹相同。

118. 曹关海致余光裕(1946 年 4 月 5 日)

　　曹关海知悉余光裕辞职从商,回信称家乡的典当行经营困难,托余光裕询问王康良脱离东华后是否有新发展,并询夏懋修处是否有工作机会。

光裕吾兄:

　　正想来信奉候,突接大翰,聆悉。吾兄另就高职,深以为欣,弟在家乡一无成就,十分闷气,经营之质当亦因物价飞涨之故,所有资本致逐渐缩短,每月利息不能维持家中生活矣。家中负担使我透不出生气。

　　康良兄脱离东华后,有无新发展,恳求吾兄代弟问问,有否机会介绍一职。夏/爱先生处请吾兄亦代为问问。诚在以往深交,使吾兄多多麻烦,吾兄亦不以此为却否? 弟大约在两星期后来沪,余事面谈,有渎清神,容后面谢。嵩此奉复,谨请

台佳

弟关海谨上
四月五、晚

　　来函寄:苏州齐门外顺仙园茶社,转皇浩泾航船收,转恒丰顺,交曹关海收。

　　此件信纸中缝印"怡春堂"。

119. 陈友华致余光裕(1946 年 4 月 9 日)

余吕氏因秧田被近邻所欺,找陈友华代她写信,要余光裕立刻回家与邻居理论,为她出气。

光裕吾兄足下:前奉小函,及伯母谕谅达案前。前日伯母来舍,告以秧田一节,为近邻所欺,嘱弟致书足下,速即返里一行,使所受积忿赖兄一伸。且云足下前赴申时曾有语遗高堂:"设嗣后续有欺负,另当踩来以与理论。"故此次唤踩足下,其意甚决,川费损失亦所不惜。慈意如此足下应仰体天心,速赋踩来,则不仅孝思不匮,且能故人一叙以通结想。弟日来适患牙痛,连颐彻脑,张吻为艰,书甚草草,专盼莅临。手此,即顿
台侒

陈弟友华顿首

四月九日

此件有信封,包含以下信息:

信封正面:

　上海金陵东路祥安里四号怡丰泰报关行

　余光裕先生启

　西华陈缄

邮戳:

　浙江　三十五年四月十日　十六　崧厦

　浙江　三十五年四月十日　西华

120. 李志豪致余光裕(1946 年 4 月 16 日)

4 月 11 日李志豪给怡丰泰打电话,一位女士接听,称没有名叫余光裕的人。李志豪认为可能是余光裕的亲戚在开玩笑,有点生气,写信讽刺,要光裕替她向这位女士道歉,辛苦她费时来接电话。

钦:

四月十一日晚上六点我来电,你刚巧不在,好如一位女士接的,她回答"没有此人",又说"此地是 85701 号",我听了定知你们的亲戚在开玩笑,我那时真是无话可回答,只答"或者我是摇错"。若是有此人接电,我现来函告知之,你应该对她(女士)对不起,要她很幸【辛】苦地接我此电,费了一些时间,真是对不起这位女士。

本星期六晚上六点半你愿在大华影院隔壁中国学校门口等我,我有话对你讲,你应该早些来,我准问定你。
安好

志豪

此件有信封,包含以下信息:

信封正面:

金陵东路 15 弄 4 号

余光裕先生展

中正中路 50 号豪寄

信封背面:

1946.4.16

邮戳：

　　上海　三十五年四月十七　SHANGHAI

　　上海　11 | 46.4.□　SHANGHAI

121. 祝明珊致余光裕(1946 年 4 月 19 日)

祝明珊运货到汉口贸易,报单、税单等手续与往常不同,他给余光裕写信咨询报关手续问题。又称近日碱价下跌,自己此次进货恐要亏本,并问候吕光川、朱尔开等。

光裕我兄台电:

握别沪地,荏苒驹光瞬已二旬,遥维我兄玉体无恙,一切定符弟颂。弟劳兄之处匪笔能宣,铭感五内,顷接敝兄礼芳寄来三纸提单,弟已收存,惟此提单手续似未完备,恐汉有生问题。该三纸均乃提单,报单则无,弟往月装汉之货,每一提单均附有详细报单。今兄处报就寄来仅提单,而弟在汉无详细报单报进口矣。若无详细根据据之,则估本文一切手续均如前不附矣。至于税单乃持货人所有税单亦据明,今海收回乃又一奇闻。弟往日装货来汉,该绿色税单(即派司)均在报单何【和】提单一起,来汉呈报,往则又发还该持货人。今兄觉非如此,弟特毛草请详赐示。至于货尤未到汉,货价则猛泻至烧碱 45 万,纯碱 65 千,弟此次之货尤有亏本之虞。匆匆之际,不克细述,满纸图【涂】鸦,尚祈宥鉴,他日再寄。敬颂

春安

立等回音

弟珊启

1946.4.19

诸位均此。吕先生请代候之。

函到时请速电礼芳。请告弟已在汉,暂掉款五百万元由交通银

汇申,约准周抵申。弟已另函彼,因恐迟达,故请兄转一电耳,勿误为要。

　　开弟请代候,弟来申面细晤。

122. 李志豪致余光裕(1946 年 5 月 2 日)

　　余光裕上周六晚上赴约去巴黎戏院等李志豪,但李志豪没有出现,他写信询问为何失约。李志豪回信称自己上周六加班,从未约过见面,或是有人捣乱。她约余光裕周日下午在大华戏院见面,当面解释清楚。

钦哥:

　　突接来函,信内所说的情形使我丈二和尚摸不着头脑。我何时约你到巴黎戏院门口等我? 我有【又】没有打电话给你,同时根本我没来信给你,这时【事】从何说来? 星期六的晚上我还在厂中加班,从没有约你出来。我还以为你最近在办理你所想的事业在干,所以我没有来打扰你。还记得在四月廿一日的晚上,你送我回来,说我们下次再隔半月见面,大概你星期四来信。是你和我分别之时说的,是吗? 这【怎】么又星期六晚上在巴黎门口等我,我根本不知道。又是谁在中间捣乱我俩。现在别的不说,我要和你见面之时讲清,请你在星期日(5 日)四点钟在大华戏院门口等我(本月五日午后 4 点)。我要和你说明,以免你又在误会我。记着时间。

安好　敬祝

你的志豪手书
1946.5.2　晚 10 时

　　此件有信封,包含以下信息:

　　信封正面:

　　　金陵东路十五弄四号

　　余光裕先生　展

　　中正中路 50 号　李寄　五月三日

信封背面：

　　1946.5.3

邮戳：

　　上海　十三　三十五年五月四日　十二　SHANGHAI

　　上海　二三　三十五年五月三日　九　SHANGHAI

123. 励中致余光裕（1946 年 5 月 5 日）

励中托余光裕代他向马善樑领款，并帮忙送家。另请马善樑代领保单。

光裕仁兄先生惠鉴：

把晤后匆匆来锡，不知有与马善樑兄会面否？倘如有款领得，劳代送舍间，或就近代交亚洲饭店账房间，问骆鑫涛先生，彼自为转送舍间也。再保单亦请马兄代为取出为荷。

兄之事有进行否？千祈代弟谋之，拜托拜托。春风有便，并盼惠我佳音，乃感。嵩此，顺请

筹安

弟励中谨寄

中华民国卅五年五月五日

此件信纸页眉印"新大祥棉布号用笺"，页脚印有"地址：无锡通运路中　电话：九三九号"。

124. 陈友华致余光裕(1946 年 5 月 7 日)

余光裕未回复陈友华一月前寄出的 119 号信,陈友华写信询问余光裕是否工作太忙,或前信中劝他回乡得罪了余光裕。

光裕吾兄足下:月前叠奉小缄,迢迢光阴已将残春,未获德音,不胜悬切。足下素笃故旧,当无中道遗弃,芳讯之绝,谅系公务纷冗,或鸾楼有迁,不然或弟前信中有言不自检处,致开罪于足下,亦未可知。惟是总有上因,亦请手专昭示,使数百里外故人不致眼穿秋水,为感。

迩来贱躯粗适,惟粉华恼人,忆友兴感耳。草草布达,专盼德音,顺颂
台绥

陈弟友华顿首
五月七日

此件有信封,包含以下信息:
信封正面:

上海外滩公馆马路祥安里四号怡丰泰报关行

余光裕先生启

西华陈缄
信封背面:

五、七
邮戳:

浙江　三十五年五月九日　十六　崧厦

浙江　三十五年五月九日　西华

上海　三十五年五月十三　SHANGHAI

125. 余吕氏致余光裕（1946 年 5 月 11 日）

余吕氏为顾全脸面，对乡邻保密余光裕辞职事，将余光裕寄往家中的二万五千元对外宣称为五万元。不料藏在厨房的家书被佣工偷看并宣扬出去，吕氏受到邻居讥笑，并与佣工妻子吵骂。吕氏又称雇工受伤，只能亲自下田干活，凌湖出外工作的人只有余光裕还不发达，希望光裕多往家寄钱。

字付汉卿我儿知之：近想诸多安好为慰。汝因在大场服务时俸薪微薄，已辞职照准，即进怡丰泰报关行营业。此事对于凌湖之人实无一知者，我未尝扬言故也。

本年二月初，上田李久富带来法币二万五千元，我与久富商洽，为顾全汝之面目，计外面传出其有五万元，将汝信藏在厨房里。不料丁阿火来我家佣工，乘我炊爨时暗将该信私行取出观看，后至外面与邻人谈及，其言甚恶，似有讥笑之意。我忍不住胸中之气雷与之理论，责其多预他家家事。嗣后即有丁同窗之妻辱骂五日，至第五日搬抱椅子坐在我家门口，她与家窗之妻串连，有意无端寻衅。我固无能无力，难以与之争吵，惟有暗自伤心，泪凝枕席而已，连三户亲戚都亦看煞我家，不肯给我出气。

三月初四日，由吕家埠转来法币三万元已收到。家中之田于初十雇人下种，工人手指被铡刀铡落，我亲自下田铡草子，两天做得精疲力尽，此种苦头谁人知我。惟祈汝克勤克俭，时常寄钱来家，则使我不但家用有着，且亦可吐一口胸中之恨气耳。

夏保仁今年已有十万元寄家，王阿毛父子传说在申非常得意，已有金条储藏，家财不可胜数。如悉凌湖出门者，惟汝不发达，致引起外人之嘲笑。并非为母者责汝不长进，实私下告诉耳，下月再行寄归，家用量米、雇工，在在需钱，我不浪费，可祈放心。此告。

母字

五、十一

此件有信封，包含以下信息：

信封正面：

　　上海金陵东路祥安里四号怡丰泰报关行

　　余汉卿先生　收

　　崧厦凌湖余缄

信封背面：

　　五、十五

邮戳：

　　浙江　三十五年五月十五　十六　崧厦

　　浙江　三十五年五月十五　西华

　　上海　十三　三十五年五月十八　十二　SHANGHAI

126. 李志豪致余光裕(1946 年 5 月 12 日)

李志豪称最近来信常被邻居小孩偷拆,请余光裕不要再寄信过来,并约他周六晚上美琪戏院门口会面。

钦哥:

以后请你不要寄信来,因我家邻居常常有拆开我的信,上次你来函的一封是确实他们拿去,所以我未曾接到。隔邻的一般野孩子常常逗留在门口,若有绿衣君来信,他们即要接去,所以我很担心,假如你来函他们接去那如何办呢?所以以后只有我来函告之你,或来电。我恨极了,常有一般野种捣乱,你来信他们拿去,母亲在楼上,根本不知道,也无法。你接到此信不要来信啦!

那在本月十八日晚上你若有空,请在美琪戏院门口等,我在六点半之间。(星期 6 晚上)六点半。记着,知道吗?

志豪手书
1946.5.12

127. 李志豪致余光裕(1946 年 5 月 15 日)

李志豪解释 126 号信中不让余光裕寄信的原委,因小孩拆信,邻居已有流言蜚语。李志豪说这些邻居都是旧礼教的寄虫,希望与余光裕尽快举行订婚仪式,止住流言。

汉钦哥:

你接到我上一封,定要猜疑那封信内的字语,但是我详细的和你说! 他们这班无业的野孩子,在去年他们瞧见你到我家来,那就不得了,作以大惊小怪的话柄,在背地里长短的言论怎样,直到今朝我一点儿不知道,还是母亲闻了她言,讲给我听。自那封信遗失之后确实为真,大概此信落在他们手里。你想他们这般人这真是捣乱份子,没有受过相当的教育,最为管闲事的毒虫。本来你来信,有何奇怪呢? 但是这般废物好如希奇得见了什么似的,毫无人格的偷藏人家的信。我听了母之闻言,真是气极了,要他们从中吵杠干吗? 母亲即说,若是你们现在好好地实行订婚,他们也不会少见多怪啦! 因为我俩真的是举行正大光明的仪式,人言可畏的景象即可取消。老实的说一声,他们这般旧礼教的寄虫,见了是正式的实行订婚仪式,也就作罢恶声,否则是常常有下流言,不入耳听的话。

钦哥! 你要替我着想想,能否解除此幕情形。我现在被四周恶劣的环境所回绕,心里真是烦闷极了。你能否打破目前的环境? 若是可能,那我真爱你到极点了。

现在我也不必多言,只望你能实行。上次我信中约的时间,是老钟,现在改为新钟六点半,在戈登路美琪戏院门口等,我准定到(本星

期六的晚上)十八日。敬祝

永好

志豪手书

于 1946.5.15 晚灯下

128. 余光裕致吴兴庵(1946 年 5 月 18 日)

余光裕向汉口建成印刷公司经理吴兴庵询问沪盐到汉口运价如何,运输船只是否便利,是否须补税等事,并请吴兴庵帮忙打听各种香烟价目及运输情形。另托代购茶叶。

兴庵吾兄伟鉴:顷得手书敬悉,偶撄微疾,想已早占勿药矣。关于盐运事仍请详探,向盐总一探便明。上海督运处核定上海仓价为 15 937,组合细目包括:(1) 运费 4 875。(2) 盐价 8 500。(3) 杂支 350。(4) 保险 212。(5) 税 2 000 元。现须探明者,沪盐到汉是否须补税? 又最关重要者为,上海到汉口运价若干? 运输船只是否便利? 务请一探。

又上海骆驼牌、红吉士牌,及其他外国烟价目及运输情形,详细探明告知为盼。专此,即请
福安

弟裕叩
五月十八日

吴文
又请代购龙井茶二斤,如不好带则不必带。
民生盐运公司江宁路 524 弄五号陈宏绪

129. 陈友华致余光裕

陈友华收到余光裕寄来的信件和钱款,已转交吕氏,并称吕氏受邻居欺负,难以调处,希望余光裕如吕氏所愿回乡处理此事。

光裕吾兄足下:

接手书知足下因公务羁绊欲行又止,遂令天外飞鸿亦珊珊【姗姗】来迟,弟也不谅人,只发函狂妄,竟作申申之詈,览书抚心,不胜江沱之悔。惟念灌夫虽狂,亦系忆友所发,谅足下必有以鉴原也。

委转伯母之函,昨已专呈就禀,个中一切伯母颇为慰解,嘱转笔附告,款三万元照收无讹,请为放怀。至贵邻侮辱一节,云已转函相告,所以重令致意者,请足下一赋踈来,非相寻衅,借张声威耳。此事端倪弟亦闻系,所不出而干涉,有负足下之托者,盖尊邻率皆蠢如木豕,不可理喻,且系女流,尤难调处,足下居乡多日定亦畅晓曲情,非弟不力有负知己也,一切当面请荆,驰书专盼莅临。

康兄刻有函至,戎马起居平安万福,对前事曲加垂谅体贴,深情感切肺腑。书中情意尤殷者,关怀我两人友谊甚切,深情可掬,倍增忆念,足下闻之定亦同此襟怀也。牙痛已瘥,足下远注,附告以慰。拳拳专此,即颂

台安

陈弟友华顿首

五月廿█

130. 李志豪致余光裕(1946 年 5 月 23 日)

　　李志豪与余光裕谈订婚需要的物质条件。李志豪说自己家世清白,订婚仪礼必不可少,之前提起要买的手表可换作春季大衣,其余按上次会面时的约定办,并约光裕周日晚上再见面详谈。

钦哥:

　　十八日的晚上,分别后已有四五天,想必在这几天中,谅你定想得周到否? 我和你所讲的话儿,大概你听见啦! 钦哥,你要知道我并非某种人样,家中虽然没有什么,但是身世是很清白的,假如我们要办任何之事,我们是入正规道行,平常的一点行为你大约是知之。

　　那晚我俩提起的事情,当然我替你设想,有些事儿能省即取消,就提那只手表罢,我不要你买啦! 就换件春季大衣,余下即你那晚所说的,你能否办到? 现在纸上不能多语,我想在本星期日(廿六日)的晚上六点钟你仍在美琪戏院等我,还有许多的话要和你谈谈。祝你安好

志豪手书
1946.5.23

　　此件有信封,包含以下信息:

　　信封正面:

　　　金陵东路十五弄四号　祥安里 4 号

　　　余光裕先生展

　　　中正中路豪寄

　　信封背面:

1946.5.24.

邮戳：

上海　十三　三十五年五月廿四　十五　SHANGHAI

上海　24.5.46 | 11　SHANGHAI

131. 胡渠铣致余光裕(1946 年 5 月 31 日)

胡渠铣是余光裕空军时的同事,他写信告诉余光裕三区部或要撤销,指挥部可能扩大。胡渠铣替余光裕办理的离职证及保证书已托马善樑转交。他还劝光裕勿要对职业军官李国雄过于热情。

光裕兄:

前日我同赵军需由外滩公园顺道过访,适兄公出未晤,颇怅。弟快往指挥部去,大约过了今日的日底,不管此间之事了或未了,非去不可。听说三区部亦要撤销,而指挥部须扩大极有可能性。前弟为兄办就离职证及保证书,云远还交与善樑弟代转,不知收到否?未获复音,为念,便望赐予一答,以资接洽。手此,即请
近安

弟胡渠铣寄
中华民国卅五年五月卅一日

再闻兄与李国雄甚为接近,进一步可谓甚密切。在弟之见,此人反目无情,尤其若辈所谓职业军官,劝兄勿过热情。良以兄系厚实之人、正当商民,设或有所不意,非兄可能与比,至少宜加注意为是。彼此悉属知己,此告幸勿误解,阅后祈毁,是要。

此件页眉印有“空军第二地区司令部第三地勤中队用笺”,又有信封,包含以下信息:

信封正面:

上海金陵路外滩祥安里四号怡丰泰宝行

余光裕先生启

　　胡渠铣

邮戳：

　　上海　十三　三十五年六月二日　九　SHANGHAI

　　江苏　三十五年五月卅一　十八

　　上海　邮政　{□金、汇兑、简易寿险　□利稳固！

132. 余光裕致李志豪(1946 年 5 月 31 日)

余光裕与李志豪相识两年,他认为志豪确是贤妻良母的典型,此次去汉口办货即使赔本,也要遵守约定正式订婚。余光裕约志豪和她的母亲周日在冠生园吃饭。

流梭般的时光带到我俩相识以后的第三个端午节,这炎热的佳节正是我俩友谊的开始,其间虽然经过几度波折分离和误会,可幸没有造成可怕的局面,倒反而因此而证实真诚的爱使几臻疏淡了的情感更切地连系在一起。

珍,倒今日总可以说彼此也有些了解了,过了这第三个端午该是我俩作进一步友谊的表现,不容再有因某些仪式上的不周而耽误下去。我俩相爱我知道的,出发点既都不是为了金钱美貌,所以有些事情总可以照那天晚上的情形看去,您确是具有贤妻良母的典型,决非某种女子所可比拟,您能体念我,各方面为我打算,真令我敬爱您到了焦点。要是这次汉口办去的货不蚀本,当然也不希望如此做,可是祝先生已于昨日抵沪,结果我名下总蚀了四十余万元,他名下蚀去九十八万,派到我也得四十余万生意做不着,只一遭碌波不用不到灰心。

致【至】于所说的一切,愿我俩都该遵守诺言,你的父母还不是和我自己的父一样,自然我有这责任。那晚我顺便说及能力上的问题,也许引起了你一种难过,不过这无非也是我自己多虑,我应该庆幸我能得有像你一位贤能的伴侣,和二位慈祥的父母。

本星期日你能否请假半天?周五晚上七时我要送章先生上船(他去九江中国旅行社任事),所以最好能于午后二时同你母亲冠生园（同孚路威海路口，就是上星期我们吃过的），我准定二时在楼上等你们。倘没有空，请于中午 12 时来电通知，不然我就以为有空而届时必到。

31/5/46 晚

此件为草稿，称谓署"康良大哥"，内容却是写给李志豪。信纸是印有"E. FOUNG TAI"的英文表格。

133. 李志豪致余光裕(1946 年 6 月 2 日)

华纳钞厂赶制东北流通券,李志豪周日加班,不能赴约。她写信约余光裕周三在金都戏院与李志豪母亲见面商谈订婚。

钦哥:

今日中午来电,我人正在厂中,实在时间是抽不出空来。最近厂中真【正】在装出东北流通券,要赶出八百万元,代价使【是】我们星期日之休息也不能,尤其在近日每天晨时八点到晚上八点,连得本星期日二日也要到傍晚八点。若是要请假,上司不答应,所以我只得写信来通知你,和今日来电告之。我们改为本星期三(六月五日)晚上(六点半)你等在同孚路金都戏院门口,我和母亲二人准时到,那时我们谈谈,将预备之事和母亲商谈如何? 钦哥,好吗? 你准定来到那时候,不要我和母亲跑空一次。因为你是我的知哥,应要听我的话,见面谈吧! 祝你

平安

你底人儿豪妹亲签

晚十时半灯下

134. 刘梓庚致余光裕(1946 年 6 月 6 日)

　　刘梓庚患病刚略有好转,写信问余光裕是否有外快生意。并嘱咐余光裕,如自己姐姐问起袍子等衣物,请回答放在余光裕处洗刷。

　　光裕义弟手握:愚忽患寒热,数日不食,已有四五天,今日尚见略好。际此高压生活下,最加生病,实在难当。近想吾弟可有外快生意否?

　　并询志豪小姐之情形,对吾弟迄今确可靠透视其真心否? 以念。

　　并托为弟如有时来舍姊处时,如舍姊问起愚之袍子等衣,请回答其是摆在吾弟在洗刷中。乃要腕力不足,余不细述,并望字复。专此,即颂

夏安

小兄刘梓庚手泐

六月六

135. 刘梓庚致余光裕(1946 年 6 月 10 日)

刘梓庚祝贺余光裕即将订婚,并称自已因生病和经济困难,无法在余光裕的订婚仪式上赠花篮道贺。刘梓庚失业,预备去码头找活,但为颜面计,请余光裕向亲友保密。

光裕义弟手握:刻接回示欣悉,李小姐与弟由友谊业已成未婚夫妇,定卜美满之良缘,此系前世所定,且对方家长均接受吾弟条件下所应允,愚亦为意想不到如此,可能系吾弟之手腕圆滑而成。则今庚夏节,大运已交,进谓"一石打开名利寨,剑光直射斗牛宫,锦绣花开满户红",真所谓才貌双得,艳福非浅,前途无量也。

承关怀愚病状,近日胃口略开,四肢无力,精神不良,系病后之像。十七日(星期一)吾弟订婚佳日,假青年会举行仪式,乃日愚应当赠花笲道贺,因周转不需之故,谅为弟亦同情原谅,自后待有好境,再行补答前情矣。

吾最近三四日内准预往各码头■活,因出不得已而成此策,际此高压物价,迫得失业人气也透匆出,如何再能下去? 愚亦是要面子之人,勿肯在沪坍台,能可在远处下面干事,因亲友所可不知,惟吾弟与愚所最密切坦白瞭情一位也。余后一切会面再谈,上述之事请勿被第三者所知。专此,即颂

前途幸福

患难兄刘梓庚手泐

六月十日午后

此件信纸印有"上海天和钱庄用笺"。

136. 陈友华致余光裕(1946 年 6 月 11 日)

陈友华写信祝贺余光裕订婚,建议他早日完婚。吕氏听说喜讯也非常高兴。陈友华之前拒绝过顾久抗介绍的军队工作,无颜再去徐州投奔,希望能到余光裕身边工作,暑假将赴沪面谈。

光裕吾兄足下:一纸书来,喜心翻倒,兄与玉人情深胶漆,快结鸳侣,不特上慰高堂,故人欣跃至矣。惟鄙意以为,既订婚约,亟望涓吉,迟来终吉不若早成眷属之为快也。足下以为然否?

委转伯母函昨饬内子专呈,禀陈佳音,伯母喜集眉端,乡间所受恶气已消化无形,请足下放怀。吉日尚在选择中,行有专函报也。至手书转递,小效微劳,而足下叹之不释,未免虑之过甚,反非知己者之语也,嗣后幸勿见外。

徐州行期弟尚不能自主,盖前次因循有负康兄之爱,出乎反尔,实觉无颜再启,而内子又女人见解,不愿弟从戎万里,以故足将进而趑趄,口将言而嗫嚅。足下既别开生面,创新颖事业,不以弟为不才,许其合作,委以下事,则执鞭随镫,固所愿也。未知足下肯用铅刀乎?暑假将届,长昼困人,或作沪上之游,亦未可知。尔时当先访故人,为平原十日之叙也。专此,即颂
台绥

陈弟友华顿首

六月十一日

伯母顷冒暑来校,嘱为致意,吉日请兄自择,惟望早日成礼,再好年下完娶,如出弟一口。足下宜上体慈亲意,并慰李小姐殷殷厚情,如何? 友再附告。

此件有信封,包含以下信息:

信封正面:

上海金陵东路祥安里四号怡丰泰报关行

余光裕先生启

六、十一　西华陈缄

邮戳:

浙江　三十五年六月十二　西华

上海　十三　三十五年六月十五　九　SHANGHAI

137. 朱尔开致余光裕(1946 年 6 月 23 日)

朱尔开在工厂生活半月,因时间不自由而离厂。余光裕曾托朱尔开询问新民报货箱的事情,因朱尔开的朋友上月已脱离报馆,无从问起。另欠光裕的钱待稍宽裕时再还。

光裕兄:

日前接到你的来信,均悉。弟本当早已告知,实因近来心绪不好,拖延至今,甚为抱歉。弟自进厂到现在已将半月,厂里的生活甚为严肃,每天早晨六时起身,晚上十二时睡觉,白天里简直没有做私事的余时,连想打一个电话都难以抽身。这样的生活实不合我心里,故已于廿日离辞该厂。关于新民报货箱之事,因敝兄已于上月脱该馆,又与该馆并无深交,所以无从问起。又欠兄之款弟近来无法归还,待稍有宽裕,即当送上。专此奉覆,即请

安好

弟尔开手启
六月廿三日发

138. 李久富致余吕氏(1946 年 7 月 5 日)

李久富询问余吕氏家中近况,告知余光裕已与李志豪订婚。称自己家中乏人照料,请余吕氏帮忙留意。

光裕得妈:

是从别以来已有一个多月了,没有一信拜望,实在对不气【起】。近想你贵体谅可康健,勿念。现想你家田中稻可好否?现在我同光裕兄是常常并面的。现在光裕兄同李小姐已订婚了,谅大人也可晓得。现有我家乏人照料,请大人随时照顾。特此,
顺颂
福安

侄久富叩

此件信纸印有"注册　九星牌　商标　上海久新珐琅厂制造　久新珐琅厂职员工友用笺"。有信封,包含以下信息:

信封正面:

百官崧厦前凌湖亭子前交

余光裕先生收

李久富

上海卢家湾徐家汇路二二一号

久新珐琅厂缄

电话　制造厂及发行所　七四七八〇

制坯厂　八四〇三七

信封背面:

七月五号

邮戳：

上海　二十五　三十五年七月五日　十一　SHANGHAI

浙江　三十五年七月十日　十六　崧厦

139. 余吕氏致余光裕(1946 年 7 月 5 日)

余吕氏得知余光裕订婚,所用款项尚不算靡费,但问余光裕是否有剩余钱款接济家用,希望他体恤家艰,设法尽快汇款。

光裕吾儿:

接汝来信,知已于五月十七日在沪举行订婚仪式。新妇贤淑,甚慰余心。所用款项在目下物价高峻下,区区此数实不能谓之靡费,惟不知可有余款以济家用否?余非太不谅儿在举行大事后尚喋喋相索,实因田中早稻将割,雇工买菜,在在需钱,不容略缓。吾儿今年汇家中之款,综计惟八万五千元。自去岁食粮须籴,今年春作无凭,故虽绞尽脑汁,不能牵萝补屋。谅汝洞悉家景,定晓余之艰苦。见信望速设法汇款,以应急需。切切此嘱。

母字

六月七日

此件有信封,包含以下信息:

信封正面:

上海金陵东路祥安里四号怡丰泰报关行

余光裕先生　启

凌湖余缄

信封背面:

六、七

邮戳:

上海　十三　三十五年七月十一　九　SHANGHAI

浙江　三十五年七月七日　十八　崧厦

140. 顾久抗致余光裕(1946 年 7 月 9 日)

顾久抗称自己工作繁忙,未能亲自上门道贺表示歉意,又说徐州物价飞涨,已打算弃戎从商,并询上海生活近况。

光裕吾兄伟鉴:月前叠奉手叙,以挽近公务所羁,未遑裁答,乞谅之。吾兄度诸月圆花好之良辰,不克躬亲趋贺,欠礼何辞,惟有在此作一空气中之额首,向佳偶致意,聊达贺忱耳。弟自入军以还,依然故承,意欲转诸市门,实引汲乏人,夫复何言。徐地百物陡涨甚剧,我等薪水阶级者莫不为之狼狈。公余乞时多赐箴言,以资联谊。沪地近况如何,吾兄生活如何,均希风便惠我数行,至盼。匆复,此颂
夏绥

弟顾久抗寄

七、九

此件信纸印有"后方勤务总司令部第二卫生大队公用笺"。

141. 陆德芳致余光裕(1946 年 7 月 26 日)

　　陆德芳是余光裕在空军的旧友，7 月 28 日在上海结婚，请余光裕和马善樑来帮忙招待宾客事宜。

光裕兄：

　　因未知吾兄地址(已失)，故■■今日然后能发，至歉，弟将于后日(星期日)在大都会大舞厅结婚，十时半行礼，随后到空军俱乐部(老靶子路)西餐，务请吾兄与马善樑同来，并请帮忙招待事宜，平时上海规矩实在不懂，且为人吊琅珰，故请协助指导指导为妥。

　　弟廿七日有空当亲来找你，又足下处近冯小姐■近，请告一声，弟已有请帖字她也。匆此，敬请

勋安

弟德芳叩

七月廿六日

142. 陆德芳致余光裕(1946 年 8 月 10 日)

陆德芳 7 月结婚时受到余光裕的帮助,写信感谢。信中告知自己婚后暂时乡居何家湾,准备过段时间另谋出路。

光裕我兄:

别来瞬又半月,弟现寓何家湾乡居,甚少近城,久欲过访,迟迟未果,歉甚。

廿八日得吾兄照料帮忙甚大,弟与内子至深感铭,足证高谊,老友固为老友也,谢谢。近状如何颇为系念。婚后弟亦无甚计划,拟蜇居一时再另图门径,诸希照顾也。匆此致候,顺问

大安

弟陆德芳叩

八月十

此件使用空军信笺,信纸印有"上海空军基地指挥部笺"。

143. 马善樑致余光裕(1946 年 8 月 15 日)

马善樑将启程赴杭州,留信告别,并请余光裕帮忙弄一张去天津的船票,及问候李志豪。

光裕兄:

自别后匆又数日,未晤甚怅,弟明即启程赴杭,临行之晚兄又无暇,不克握别。前志豪小姐请弟赴其家吃饭,但因事外出未克赴宴,深以为歉,惟请兄代述苦衷为盼,返申后当再叨吃一顿(竹杠)。

今有敝亲欲赴天津,请兄极力设法船票为祷,如有暇即请来函杭州仁和路启文。再不烦言,即盼。快结

良缘

弟善樑

志豪处请代问候。

中华民国卅五年八月十五日晚

此件信纸印有"上海启文丝织厂总管理处用笺(福州路三六五号)(电话九三一〇五)",及启文丝织厂的广告:"丝织 风景 照像 花卉 字画 美观而不奢最宜装饰 雅俗所共赏大好礼物 最低价格每幅七角 目录样张承索即赠","优点 创办十年 信用卓著 大小花色 都四百种 自制时新 美术镜木"。

144. 马善樑致余光裕

马善樑将赴杭州,临行前约朋友去公园拍照,因余光裕外出不在怡丰泰,没有当面告别。他和余光裕开玩笑,说他对朋友失约是因在李志豪家里乐不思蜀。

光裕兄:

昨日电话中别后,弟今日曾数电至宝行,而值兄外出未电晤,甚怅。弟明晨即欲赴杭,而不克握别,至为谦意。而未握别之理由,兄实为黄牛,或至李府乐不思蜀矣。弟今午后约二三知友赴公园拍照,而曾通知兄又不在,晚上曾打电话数次,宝行无人接电,此情此意兄实为(黄牛)。昨晚所谈,大约今日至李府都忘矣,难怪刘备乐不思蜀矣。重覆数次之失约罪判何条,返申时再论,请李小姐作庭长可也。余后再谈,即请

俪安

弟善樑上
离申前二小时

开玩笑,请勿怪,如要怪,至杭州,买斤糖,给你吃,甜甜嘴,哈哈笑。

145. 作民致余光裕(1946 年 8 月 19 日)

作民,姓氏不详,系余光裕旧友,久未联系而致疏远。此信是作民主动与余光裕恢复联系,告知自己任职麦根路驿麦根路猪栈总账。

光裕仁兄先生大鉴:久别鸿仪,时殷蚁慕,比想兴居定多佳吉,曷胜忻颂。民自分袂以来,即入麦根路驿麦根路猪栈任总账之职,只因俗尘倥偬,致良朋久疏,每念前欢,不胜怅惘。倘足下公余有暇,祈时惠尺素,是盼。专此布达,敬颂
大安

弟作民手启
八月十九日

令亲吕先生祈代为问好,又及。

146. 陈尔镳致余光裕(1946 年 8 月 26 日)

因工商业萧条,陈尔镳的针织品工厂停产,写信告诉余光裕此前谈及的事业只能暂缓。陈尔镳正在另谋出路,近日妻子产下一女,并询余光裕何时举办婚礼。

日前接读大札知悉。所云与兄谈及之事,处于目前工商业萧条之际,发展事业尤为困难,尚须三思,考虑之下暂缓为妥,来机再夺。迩来大宗货物皆因外汇调整而随升,惟针织品依然如旧,原料及工价均逐渐高涨,弟制成品且无人问津,厂家处于此境十九生产停顿,倒闭者亦不可计数。小厂为维护本身基益起见,于本月份起停止生产,现弟并无他就,正在另谋计划中。未知我兄可有就业发展?何日赐弟喝一杯喜酒?十分企盼。内人于旬前已产一女孩,体格尚健。志豪小姐代为问候。日后祈多通讯互勉之。此覆

光裕如兄

弟尔镳寄

八月廿六

此件有信封,包含以下信息:

信封正面:

　金陵东路十五弄四号

　余光裕先生启

　徐家汇路三七弄三一号陈缄

邮戳:

　上海　三十五年八月廿七　廿四　SHANGHAI

147. 章肇元致兰珍(1946 年 8 月 27 日)

　　章肇元供职九江旅行社。因女友兰珍时常猜忌,章肇元写信与她分手,和邹蕙琳再续前缘,并已准备订婚。

兰珍:

　　我们的相识可说巧遇,进一步交谊,事出我意料之外。我为了你,放弃了已有十年情谊的铭,和三四年之久的邹,你还不知足,时兴醋波。我在虹口时为了帮人家忙,倒底不好意思时常跑,你就以为我又有了新朋友。我实在受不了你这许多闲气,使我冷心,终于又回想到为了你而将近一年不见的邹,放出勇敢的精神去拜访她一次。一见之下,她真心的爱情全表露在她的全貌,人也瘦了,憔悴的脸容,她为了谁,为了什么,当然无庸我多说,这文静自忧才能感动人,终于又获得了我的爱。

　　兰珍,你的妒忌政策破坏了你的理想,只怪你自己不好。现在我与邹时常有信件往来,并且很多,在不久的将来准备订婚哩。并且我也不像在过去那样糊哩糊涂过日子,慢慢儿在购买将来组织小家庭时应用的东西,希望不再临时抱佛脚。至于你我间已有一垛高墙所隔了,不再有可能的希望,你死了这条心吧。怪只怪是你自己的手段错误,抓不住我的心,反而把我推得更远些,大概也逆缘已尽,好了,你的照片就还给你吧,我拿着也没有什么用。祝你

快乐

肇元上

八月廿七日

　　此件信纸页眉印"中国旅行社牯岭支行",页脚印"地址河西路三七号丙电话第一〇号　电报挂号二四六四"。

148. 作民致余光裕(1946 年 9 月 2 日)

余光裕回覆 145 号信,将已订婚之事告知作民,作民回信道贺,并询余光裕及其他友人近况。

光裕仁兄赐鉴:前得大札欣悉,吾兄与李女士已缔良缘,不胜为之庆幸,只可惜佳音未能早传,损失一次喜酒也。弟希望能先吃红蛋,再吃画眉酒,还祈弗见弃呢。近以何消遣?过去同志通鱼雁者几人?盼示。余容续陈。耑此,即颂

秋祺

愚弟作民谨上
九月二日

此件信纸印有"上海麦根路猪栈用笺"、"栈址闸北麦根路站康吉路五十六号"。

149. 李国雄致余光裕(1946 年 9 月 16 日)

李国雄是余光裕空军旧友,随队调常州后又返回上海。他感慨旧友分离,沧海桑田,告诉余光裕因司令部取消,暂不能帮他取戏票。并询余光裕何时举办婚礼,希望日后会面聚谈。

请兄眼时光临弟处聚谈,以免弟之寂寞,俾增情谊,是盼。
光裕兄鉴:

弟顷接来示,诸情并悉,只因庸人事多,致无暇握管致候。兼之前赴常州到差,事后调返沪地以又往返徒劳,想吾兄定能见谅者也。

致若吾兄言及别后之离情,真使人有沧海桑田之叹。但弟仍幸留沪上,想亦不难有晤面之期。老兄你我均是幕中之人,何必戏言乃尔。天地本是最大舞场,此生亦不过是客串中之一员而已,国事如斯,社会之不景,虽有效人之乐,然心有余而力不足。

对戏票因刻下司令部已取消(十六),俟日后能取时定当奉上,祈勿为念。

光裕:Miss 李与兄之喜酒何时可吃? 望勿忘却患难中之我。请加油于适国家之需要去产力,未来之中国之主人。再叙,敬祝
安好

光普兄代为致候。

弟李国雄
九月十六日

此件信纸印有"空军第二地区司令部第三地勤中队用笺",有信封,包含以下信息:

　　信封正面：

　　　本埠金陵东路十五弄四号

　　　余光裕先生　启

　　　武昌路积善里十五号李缄

　　邮戳：

　　　上海　五　17　9　4 | SHANGHAI

　　　上海　三十五年九月十八　九　SHANGHAI

150. 余光裕致余吕氏(1946 年 9 月 21 日)

余光裕因运输行同事辞职而不能请假返乡。帮大英在上海谋事因其不善骑自行车而告吹。家用款稍缓寄出。

母亲大人:

由芙蓉姊带来口信均已敬悉,此次本拟随钊堂哥等返里,奈行中适有同事辞职,故不便亦遽行告假。总之在年内无论如何返乡一行也。

大英欲来申谋事一节,男昨日曾又赴友人处请托,唯该店系经营花【化】妆品,须雇用能善骑自由车并熟谙上海路名者为合格,然大英久居乡间,且又不善骑车,故不适用,只得另行留意,待有机会当再函告,而后来申可也。

家用款可否稍缓? 因时届深秋,儿衣服尚未购置。余情请详询钊堂哥及芙蓉姊便知。肃此奉达,敬请

福安

男光裕叩上

九、廿一

此件系托钊堂、芙蓉捎带回乡,有信封,书:

敬烦便交

余光裕家中收

申余托

151. 田枞森致余光裕(1946 年 9 月 24 日)

田枞森是汉口印刷公司吴兴菴经理的朋友,经吴介绍,写信来询余光裕汉口至天津货运情形及运货规定,及美国商品由汉口运往东北的税率等问题。

光裕先生大鉴:敝人是汉口建成印刷公司吴经理兴菴之朋友,承吴君在汉之介绍,■与先生致信。请分神将由此去天津之货运情形及运货规定,与美国之玻璃杂货由此运东北是否须完税,及税率如何规定,均希立即详细赐教,以便作一考虑。倘能可作时,到沪地之一切,均须请照拂与指导也。专此,敬问

财祺

敝人田枞森拜上

九、廿四

152. 李成甫致余光裕(1946 年 10 月 1 日)

李成甫来信称自己工作繁忙,无法抽身,替芙蓉姐弟捎带回乡的白糖托余光裕转交。

光裕兄台鉴:别后数日,时深驰思。近闻贵体康健,诸事吉祥,为祝。启者。弟星期日至府拜就,未刻见容,不深怀思。所云芙蓉姐弟所托带之糖,不便带里,今由敝乡人回家,弟托其便带,本拟至府,乃厂方繁忙,不便抽身,今由便友至府,望吾兄将该物交其带下为荷。感激之处,容后面谢。特此奉达,即请

近佳

弟李成甫手泐

此件有信封,写有:

　　金陵东路十五弄第四号怡丰泰报关行内呈

　　余光裕先生台收

　　十、一、李成甫泐

　　振业印刷所缄

　　地址海宁路九九七弄十六号

　　电话四五六八二　九一七三一号

153. 作民致余光裕(1946 年 10 月 4 日)

作民在猪栈工作繁忙没有休假,希望能与余光裕小聚,一起去看望友人丁泉昌。

光裕兄如握:九月十四日大札早悉,只因裕务于羁,似无握管之机,疏候还祈勿责也。栈方栈基小而到货多,工作时感不便,致成事半而工倍之情形,所以每日起早外出,夜迟归家,弄得我好像朋友都不要了。我真不知每日为甚么这样,别人家还有礼拜休假,我们只要有货到总是没有空。我想几时要不管事来和你聚聚,你可以约定一个日时我们同去望望老丁(泉昌)去可好?

喜酒我是吃定了,但希望能早一点。我非身列其境,对你可近而不可接的情形终无法可想,不过我为你能得到这样一位贤明夫人,我总是为你祝福的,希望能提早一见芳容为快,我在鹄候着。

乱涂瞎写我也是拿手好戏,来书道中我们心照不宣罢。贵公司生意想必发达,吾兄担任何职?祈详告。余言面谈,此布,即颂
近祺

愚弟作民顿
十月四日

吕先生请代致意,又及。

此件信纸印"上海麦根路猪栈用笺"。

154. 顾久抗致余光裕(1946 年 10 月 10 日)

顾久抗因病耽误回信,告知余光裕他代购的英文报刊已经收到,问余光裕何时举办婚礼,他将赴沪道贺,并随信附上汇票一万元。

光裕兄:

旬前公务增集,昼夜未暇,兼以气候不适,乍寒乍热,憔悴贱躯致遭伏枕,经数夕服石,幸于昨晨始脱病魔,前书未答,良由于此。西报日达无悮【误】,希释怀。

顷奉手叙,备聆种切,申市物价高昂,闻之堪虞。吾兄吉席择定,务希有以见示,俾便超前道贺。华兄久未来书顺闻。兹附奉汇票一万元,至乞检收,有劳清神,容后泥首。匆此手复,即颂

筹绥

弟顾久抗寄

廿 Double Tenth

李小姐代候。

155. 顾久抗致余光裕(1946 年 10 月 15 日)

顾久抗从军奔波,而待遇微薄,坚决弃戎从商,请余光裕帮忙介绍工作。

光裕兄:

昨上尺素并附万元汇票一纸,度邀垂察。忆弟自从戎迄兹,屈指载余,涨野风味,辛劳备尝,而待遇菲微,自给难数,吊影自问,怅愧系之,瞻望前程,茫茫奚似。兹为急欲谋诸立身计,坚拟弃戎亲贾,以冀万一。

凤稔吾兄业沪有年,而热肠古道,忱心可钦。谊忝知己,用敢胪陈私衷,恳乞鼎力赐谋鹣栖,异日倘能脱颖遂囊,皆出乎吾兄之所锡也。临池恳切,不尽欲言,讵候佳云,无任遥企。专此,即叩

秋绥

弟顾久抗寄

十、十五

李志豪小姐谅好。

156. 马善樑致余光裕(1946 年 10 月 24 日)

马善樑返回上海,但因父亲重病,又匆忙赴杭。他邀请余光裕赴杭游玩,并请他代问候李国雄。

光裕兄:

匆匆来申,勿【忽】又匆匆去杭矣,兄以为奇怪否?但因家父重病在杭,不得不去探视矣。兄如有暇可赴杭一玩,领略西子湖之傍晚,如缺人领路,则弟可作领路。此次照相机亦已带去,如去杭与否,即请来函通知,并详报近况为荷。

临去乱涂,见笑得很。志豪小姐处请代问好,因有几月未见,甚为记挂,想必身体更肥吧。好吧,再见,祝你俩康健。

如有暇赴国雄兄处请代问好,并示歉意。

弟善樑手书

中华民国 35 年十月二十四日离申前六小时

此件信纸印"上海启文丝织厂总管理处用笺"。

157. 马善樑致余光裕

马善樑为在上海失约向余光裕道歉,很遗憾余光裕没有来杭州游玩的打算,为儿女情长辜负了西湖秋景。

光裕吾兄:

接来函敬悉,万分抱歉前之失约,至申定当再续前约。闻兄不欲赴杭一游,极为惆怅,因近日各地香客游客盖满西子湖滨,红男绿女增加秋色之美丽,满山红枫似欲将大地回春之想,美不胜收。兄仅以儿女之情长,忽略了游名胜之念,此可悲也亦可叹也。专此奉闻,仅作酒后之余谈,谨祝

近佳

弟善樑书

志豪小姐处请代问好。

158. 顾久抗致余光裕(1946 年 10 月 31 日)

顾久抗询问汇票是否收到,并称苏北打通,经济逐渐恢复,询上海近况。

光裕挚兄:

多日未见颁云,念念。日前割与邮汇票一纸,计万元,未卜台收否?乞即示知为盼。

迩来苏北各线已告打通,市肆渐形复常。沪地近貌如何?便乞示下。匆此奉询,即候

秋祺

弟顾久抗寄
十月卅一
主席六秩诞辰日于扬州

此件信纸印"联合勤务总司令部第二兵站医院用笺"。

159. 顾久抗致余光裕(1946 年 11 月 6 日)

顾久抗在扬州的朋友陈某患淋病急需用药,请余光裕代购药剂。

光裕兄:

手教敬悉,鹣栖一节乞为随时留神。兹托者敝友陈君因患淋疾甚剧,急转治服,而扬城各中西药铺讯无灵验之治淋剂,为特修笺,奉托请即代购最灵验之治淋剂一瓶,邮寄扬州实惠巷廿号第二兵站医院弟收,俾便转与。临池奉托,即颂
冬祺

弟顾久抗寄

十一、六

需洋若干乞来示提明,俾便汇奉,时劳吾兄,容后■谢。

信纸背面写"阿利已凡消治龙"。

160. 余吕氏致余光裕(1946 年 11 月 19 日)

吕氏写信称余光裕托潘双龙等带家的钱物均已收到,今秋家中收成不佳,希望余光裕在上海结婚时体恤家艰,并请寄衣料、文具。

光裕吾儿:

久未信音,念念。谅必在沪一切均好否?昨因潘双龙兄带家洋袜四双、士林布一块,计六尺三寸。七月初上蓉姊带家法币四万元,又海大兄三万元,继水兄又带家款十万元,共计十七万元照数收到,勿念。

在今秋作,旱天甚多,并无收割。稻家种三亩,计收割小斗每亩三石;五亩种六谷,收割计小斗二石五斗;霉头计二亩,收割二石五斗。因百货飞涨,工资增加,种田名誉而已,负持家庭为你吾儿前途。我家经济不敷,吾儿在沪成亲,知悉经济艰困。

港口姨娘代剪士林布男长衫一件,外婆又代剪女衫一件,计剪 6 寸,请迟速下次信班带家候穿。该款若干,来信即当奉清,勿悮【误】。吾与弟天气寒冷在即,衣料剪就即速带家。田粮完粮三亩五分,现已完好,其余尚未完出,如若暇日来家料理,立候。

小弟现已读书,代购纸笔墨信纸等物,交与便人带家候用。专此奉示。

好

母字

十一月十九日

161. 胡渠铣致余光裕(1946 年 12 月 15 日)

胡渠铣抵达松江,工作尚未开展,请余光裕将此事转告管克非、马善樑。

光裕兄:

弟于十四晨乘特快车已到达松江,一切尚好,唯工作不能开始,因移交人未在,容当陆续通信可也。管克非兄前云月中拟来申,如已来申,如与兄有晤见,请代转达一切。樑弟等均不另函,便请提洽为荷。匆上,即请

均安

弟胡渠铣寄

十二、十五烛下

此件信纸印有"松江电器股份有限公司"。有信封,书:

上海金陵路外滩祥安里十四号怡丰泰报关行

余光裕先生　　启

松江胡渠铣寄

162. 瞿钟庆致余光裕(1946 年 12 月 26 日)

瞿钟庆得知祝明珊即将赴台,请余光裕帮他转交雨衣雨帽给祝明珊。瞿钟庆还听说夏懋修在台湾已升任厂长,询问祝明珊是否前往夏懋修处工作。

顷接蒋君耕声来函,谓明珊兄不日将赴台,嘱余将前存雨衣一件、雨帽一顶带奉尊处,今适奉有便人来沪,顺托带奉,望检收并请专【转】交祝君明珊。

闻夏君懋修近日在台荣任厂长之职,余闻之不胜雀跃,而明珊兄之赴台闻亦入该厂工作,未悉确否?

若遇明珊兄请彼至台后,即速书信见告,以便通讯,不胜荣幸。

此致

光裕兄

弟钟庆书

十二月廿六日

此件信纸印有"英惠卫生工程所 STANDARD CONSTRUCTION CO. CONTRACTORS FOR HEATING AND SNITARY INSALLATIONS SHANGHAI OFFICE TEL. 84386 30/16 CHUNG KING ROAD(SOUTHERN) NANKING OFFICE TEL. 304 HUPEH ROAD"。有信封,书:

吉便　烦交

金陵路十五弄四号裕丰泰报关行

俞光裕先生

南京湖北路 304 号

瞿钟庆托

英惠卫生工程所

STANDARD CONSTRUCTION CO.

304 HUPEH ROAD NANKING

163. 陈尔镳致余光裕(1946 年 12 月 30 日)

陈尔镳因病休养三个多月仍未完全康复,余光裕曾与学福一起去探病,还赠予钱款,陈尔镳专门写信感谢。

光裕吾兄大鉴:久未晤面,十分记念。吾兄起居迪吉,公事顺利,贵体康健,是所至祷。弟此次患疾,承蒙赐慰破钞,厚谊之处,念念不忘。休养迄今足已三月有余,消耗财力,其数不微。目前外表似乎略感愈些,惟咳嗽不止,实在难受,欲恢复整个健康,其时尚久矣。学福兄曾亦来舍探慰,如兄与彼晤面时,祈代为问候。俟能获得全健,当再专诚拜谢。专此,即请

冬安

弟陈尔镳寄

十二月卅

此件有信封,包含以下信息:

信封正面:

　　金陵东路十五弄四号

　　余光裕先生启

　　徐家汇路三七弄三一号　　陈缄

邮戳:

　　上海　　3012|10　　SHANGHAI

164. 章肇元致余光裕、蒋耕声(1947 年 1 月 9 日)

　　章肇元赴中旅社无锡分所工作,写信将与邹蕙琳订婚之事告知余、蒋二友。邹蕙琳母亲曾提出过高的结婚要求,使两人婚事搁浅,现在态度转变,愿意借钱给他,并要求于春夏间结婚。他还要光裕和蒋耕声帮他劝邹蕙琳努力工作不要请假,并询祝明珊、朱尔开是否赴台。

(无锡江阴巷 58 号中旅社)

光裕、耕声二兄:

　　我是在五日中午十二时半的二三等区间车赴锡的,那天上午邹小姐特地到我家里来送行,一直送到车上,其情其谊亦可算不薄矣。

　　这消息你们也许不会想到的吧,就是连我自己置身其间也决不会想到的!昔日,她妈所提的条件,使我无法答应,而终于搁浅至今,然目前却一变前情反而处处为我着想。即言订婚一节,唯我们省却,将节省之钱多购一些东西。我允于秋间结婚,此我已告知二兄,在四日邹告我,她父意我们在春夏间结婚,而她母亦愿借我约二百草,待后慢慢归还可也。如此则又可早日给你们吃酒哩!

　　不过我可更急了,即草草极简单的结婚,房子虽不成问题,可是一切均需购备,照目下市价预计,至少要五百草不到(人情冲在里面之外还要此数),那末尚有半数以上怎么办呢?非向友朋间商借不可。在这星[期]六我到苏州去,大都原因也为了此事。此外是到那里去打听西服做工可否便宜些,我那段麦而登预备做西装穿呢。

　　至于邹我已经千叮嘱万叮嘱她工作努力些,少请一点假,倒底找事不容易,虽然公务员待遇不好,但人家还求之不得哩。她虽然是答应了我的话,我却也还有的不放心。像四号那天,她一个朋友结婚我叫她请假半天,她一定要请一天,她说是朋友要她去帮忙,我也不强迫她了,她说以后不请假。请二位老兄留意要没有真是要紧事或生病,还是劝劝她不要请假。她真像一个小孩子,一些也不知道社会恶劣的黑暗,任意所欲。她会请了假去看电影。

无锡分所人很少,我想时常回上海来的计划是不能实行了,而且星期日比任何日子都忙,因为这里主要的事是出售火车票,特别拥挤。

明珊、尔开二兄可有去了没有,要是还没有去,碰见时代致候一声。

蒋嫂子及李小姐都好,不另。

不写了,现在已经是十时另五分了,祝你们

晚安

肇元上

元月九日晚

165. 余光裕致夏懋修(1947 年 1 月 15 日)

余光裕写信称,祝明珊、朱尔开已于 1 月 14 日启程赴台。上海工商业艰难,怡丰泰报关行因股东投机而亏损。并询夏懋修明年春季是否返乡。

懋修兄:

日前寄奉数函,未蒙赐复,殊深悬念,比维起居安燕,诸凡顺遂,为颂。明珊兄及尔开二人已于昨日(一月十四日)搭民生公司之民众轮赴台,该轮于下午三时起程,约三四天可抵基隆,全程需五日可达。光阴荏苒,转瞬新年又届,际■岁尽时寒,物价不断上涨,而工商业倒闭收歇者比比皆是。敝行春夏间尚可获利,后因某股东做投机蚀本而大折烂污,致亏蚀折息数千万元,故一年之希望迄今顿成梦幻,所谓城门失火殃及池鱼也。吾兄明春拟返里一行否? 便乞时教言以匡不逮,专此,即颂

15/1/36　寄

166. 胡渠铣致余光裕(1947年1月15日)

胡渠铣讲述自己去管克非家中吃订婚宴的情形,感叹家庭重担难以负持,并称自己年底将来沪,可与光裕会面。

光裕兄:

别了之后在松江与兄彼此间好像仅仅乎通过一信,正因前日打电话接不到你的,洽环绕着脑筋里,亦拟握笔写信给你的当儿,忽然间已读到了你的来信,洋洋乎长长的一封,情书似般的语调,笔挺而字秀,使得弟见之生美,更觉引起了我写信兴趣。也来一下不文不白的草作,促使彼此间之检讨。唯弟钢笔字的缺憾总无法加以补救,只得仍用七紫三羊毛笔来与攀交。

老管这次的订婚仪式出于临时改变的,想必老管已与[你]谈及过,恕我不再烦琐了。至于登门饱吃一顿的事,反觉弟引为遗憾,遗憾的是人情方面彼此太不平衡,太不平衡的。由于弟因知其不举仪式,亦不悉其新夫人之芳名,竟不送一些礼而在老管家吃晚饭。老管事先与我说明不备菜肴的便饭,弟就不辞委曲的与老管坐着谈等饭吃,不料老管的慈母老大人和他的灵谷嫂好像没有知道老管与我声明的条件,及至菜来,乖乖不得了,四菜一暖锅,外加他们乡里风行的所谓土菜(名曰香林肉),一见之下不独弟心头惶恐得无以为言,眼瞧着老管亦突然一阵面红,显露出真太客气了,你想如此的情形弟多么难过。之后弟回到松江,曾去信与老管,好像太客气的意思,未得管兄的答复,于是弟更觉此举太不行了,此后还得加以注意改正。新夫人我亦未有见到,请你不要怅惘了。

提起过年,我是过难,你尚未挑负到家庭重担,何必说得如此难听？现在是不谈去年的今天了。弟如不自解说、自安慰，自早已不想在人世了。退一步想人生何必为金钱所骗？得过且过算了。写到此时因有工作上的感触，心已乱了，不能再谈了。年内廿七八内总要来申，如果得及当再电约面罄也。此请

年安

弟胡渠铣寄

十五

此件信纸印有"松江电器股份有限公司用笺"。有信封，包含以下信息：

信封正面：

上海金陵东路十五弄祥安里十四号怡丰泰报关行

余光裕先生启

胡

松江电器股份有限公司缄

邮戳：

江苏　卅六一月十五　松江

上海　卅六一月十六　十二　SHANGHAI

167. 余光裕致余吕氏(1947 年 1 月 22 日)

余光裕因行内同事请假,又因运输行亏损年终没有分红,故取消回家过年的计划,写信给吕氏拜年。

母亲大人膝下:敬禀者。爆竹除旧,岁序更新,恭祝大人自献岁以来,诸凡顺遂,玉躬清泰,为颂。儿原拟年内返家渡岁,嗣因行内此时适有人请假返乡。而另方面复因行中年终结账,竟亏蚀一仟余万元,致一年来所盼望中之"花红"亦告无着。由此儿顿打消返里计划,只得以书笺向大人拜年矣。致【至】于用款,待有便人时即寄。肃此,敬请福安,恭贺
新禧

元月廿二日　　即正月初一

儿光裕拜

此件信纸印有"上海怡丰泰报关行用笺"。

168. 章肇元致余光裕（1947 年 2 月 9 日）

章肇元讲述自己在邹蕙琳家过年的情形，因邹蕙琳对光裕和蒋耕声说话失言而向余光裕道歉。另蒋耕声进入石油公司，祝明珊、朱尔开赴台后没有消息传来。

光裕兄：

新年里连下着雨，懒得跑出去，仅年初一下午与邹及她的小的弟弟去看一次电影——周璇主演的《长想【相】思》，里面几支歌倒还不错。

真是踏破铁鞋无觅处，无独有偶，而又是我与你，竟同样的做了毛脚女婿哩。你未来的丈母娘优待你，我也何尝不如此，真不脱俗语"丈母见女婿，越看越有趣"。她老人家知道我从在九江之后，每天清晨必吃生鸡蛋二只，她说生的不好，每日清晨亲自为我煮盐水蛋，是那么的嫩，原因是怕蕙琳来煮会不当心烧老了，我不喜欢吃。因为有一次她老人家当着我面指着蕙琳说："这是应该是你的事。"其意可想而知哩。

因为在廿八日已经吃过年夜饭了，大除夕那天是不这样丰盛的大年夜饭，不过比平时总丰富多了。那晚弟妹们是先睡了，只有二老人家、蕙琳和她的弟媳——王月萝，在整理一切易碎，我呢，皮【脾】气生来不惯坐着看人家动，既来之，亦当自己家里一样，也帮助着做一类闲杂。最后差不多了，看看时间也不早了，帮着一同做小园子，那是年初一吃的，我想你乡下和李小姐的故乡也有这风俗吧，大概到二点钟才做好，我看没有什么了，先上楼去睡觉，不知他们是什么时候睡的。

年初一本来想去拜年的，蕙的妈说："人家一晚没有睡今天都是早睡的,习惯上是不可以去拜年的。"那末我也就不去了。上午到巴黎去买了三张票,下午四点的时间,去的时候正下雨,叫车子真难,在方浜路口好容易叫到一辆三轮车,回来时竟出乎意料的会叫不到车,原因是不肯去,这地方真太偏了,太冷落了。那末只好趁电车到老北门,走回家去。

初二那天我们在玩升官图,她的妹妹及堂兄嫂以及表姊都来拜年,他们一定要见我,真没有办法,只好硬着脸皮,由蕙琳来给我一个个介绍,跟着她叫,临走时还要我在新年里到他们家里去,我也姑妄允之,那知我在初三的头班快车回无锡了,使他们失望呢。

老兄,对于蕙琳上次对于你的言语失当(在工商处你我及老蒋一同去看她的时候),我觉得万分过不去,所以在那天我就叫她请了半天假,一同出工商处,就在路上说了她一顿:"即使是说笑的,也应该像说笑话的样子,您得罪了一个朋友,就减少了我一分力量,在家靠父母,出外靠朋友,就因为我过去没有好好的交上几个知己朋友吃亏不少,到现在是后悔了,仅有的几个您也要为我拆散吗?"她给我说屈服了,认错了,也就算哩。本应该早给你老兄来信道歉,实在太忙了,一直拖延下来。昨天从苏州回来,接到老兄的信,知你还去向她道歉,我更觉难受,不得不马上要给你回信了。请你看在我们过去的面上,愿【原】谅她一次,下次要是再有得罪老兄,我一定要她当面谢罪。她真也太不懂事,言语有轻重,可说不可说,不想想而说,害得老兄满腹不快。我们原是知己,没有隐瞒的,随便谈谈,什么都谈,以后我们还是这样,过去的不要记在心上吧。

老蒋进石油公司,高升了,应当祝贺他。

老祝及老朱台湾有没有消息来? 倒是很记挂着。

祝

近好

李小姐代望之。

肇元上

二月九日深晚十二时半完

此件信纸页眉印有 "上海商业储蓄银行无锡分行",页脚印"地址：无锡北门江阴巷五十八号　电报挂号五八八七号　电话第一四五三号"。

169. 陈尔镰致余光裕(1947 年 3 月 17 日)

陈尔镰听说余光裕要进中国石油公司,询问何时入职,并约余光裕有空来家。

光裕吾兄英鉴:

握别迄今,久未晤叙,辰维贵体康健,诸事安吉,是所至盼。前云吾兄将入中国石油公司服务,至今未获确悉究于何时进去,十分为念。现弟略有一事与兄相商,见字祈希于最近几天内抽暇一些劳驾舍间一次,勿却是幸,侍候。专此,并请台安。

弟陈尔镰寄

三月十七

170. 陈尔镰致余光裕(1947 年 3 月 22 日)

余光裕去陈尔镰家中谈及找工作之事,余光裕说"求人不如求己",陈尔镰失望回信称自己打算"求己",返乡养病。

光裕我兄惠鉴:日前台驾寒舍,有劳玉趾,恭迎迨慢,一切抱歉之至。承蒙忠实诚挚指示"求人不如求己",思忖之下实属有理,再三考虑决以"求己"原则下进行返乡养疾或图谋生产,现尚未确定,全视环境得否改善而行之。专此,并请
伟安

弟陈尔镰手启
三月廿二

此件有信封,包含以下信息:
信封正面:
　本市金陵东路十五弄四号　烦交
　余光裕先生展
　徐家汇路卅七弄卅一号陈缄
邮戳:
　上海　22 3 47 ︱ 17　SHANGHAI
　上海　卅六三月廿三　九　SHANGHAI

171. 王忠本致余光裕(1947 年 4 月 13 日)

王忠本询问余光裕是否已入石油公司,因有事恳托,希望与余光裕会面。

光裕兄:

前晚弟至贵处拜访,适未遇。昨、今二日上午在青年会盼候,亦未见兄来,不知是否已进石油公司任事,甚念。弟有一事想恳托吾兄,须与兄一晤,请赐函示明会晤时间及地点,以便准时前来。

关于《社会大学》一书,弟现并不需要,借一月、二月均无妨,俟兄阅毕后还之可也。专此,即请

大安

弟王忠本谨启

四、十三

172. 蒋耕声致朱彭年

　　蒋耕声托余光裕转交一张汇票给朱彭年。蒋耕声在报纸上看到益大钱庄因经营黑市交易已奉令停业，急忙写信告知朱彭年，让他立即兑取。

彭年先生：

　　昨由光裕兄托弟汇交尊处汇款一笔，计洋（金圆）七十五元，附汇条一纸，由阁下前经兑取，谅邀台阅。今阅报载沪地之益大钱庄已于今日奉令停业（因经营黑市交易），乡间之取款恐有问题。弟已于今日前往该庄询问，据告已于昨日汇出，但此言不能深信，若正已汇出，请阁下即往兑取，免遭牵累。当请见示为祷。专此，即颂
秋安

晚蒋耕声手书